江苏人民教育家培养工程丛书（第三辑）

沸腾的母语情绪

FEITENG DE MUYU QINGXU

刘 听 著

江蘇鳳凰教育出版社
Phoenix Education Publishing, Ltd

图书在版编目(CIP)数据

沸腾的母语情绪 / 刘昕著. —南京:江苏凤凰教育出版社,2022.3

(江苏人民教育家培养工程丛书. 第三辑)

ISBN 978-7-5499-9880-7

Ⅰ. ①沸… Ⅱ. ①刘… Ⅲ. ①母语—研究②语言教学—教学研究—学前教育 Ⅳ. ①H003②G613.2

中国版本图书馆 CIP 数据核字(2022)第 004293 号

江苏人民教育家培养工程丛书(第三辑)

书　　名	**沸腾的母语情绪**
作　　者	刘　昕
责任编辑	俞　婷
出版发行	江苏凤凰教育出版社(南京市湖南路 1 号 A 楼　邮编 210009)
苏教网址	http://www.1088.com.cn
照　　排	江苏凤凰制版有限公司
印　　刷	南京顺和印刷有限责任公司
厂　　址	南京市江宁区麒麟街道天和路 78 号
开　　本	787 毫米×1092 毫米　1/16
印　　张	8.75
插　　页	2
版　　次	2022 年 3 月第 1 版
印　　次	2022 年 3 月第 1 次印刷
书　　号	ISBN 978-7-5499-9880-7
定　　价	25.00 元
网店地址	http://jsfhjycbs.tmall.com
公 众 号	苏教服务(微信号:jsfhjyfw)
邮购电话	025-85406265,025-85400774,短信 02585420909
盗版举报	025-83658579

总序 FOREWORD

为江苏未来教育家成长奠基

纵观世界教育史，每一次深刻的教育变革都离不开教育家的参与和推动。邓小平同志在1986年就提出“希望中国出现一大批三四十岁的优秀的科学家、教育家、文学家和其他各种专家”。2007年《国家教育事业发展“十一五”规划纲要》明确提出了“倡导教育家办学”的方针。《国家中长期教育改革和发展规划纲要(2010—2020年)》也明确提出，要创造有利条件，鼓励教师和校长在实践中大胆探索，创新教育思想、教育模式和教育方法，形成教学特色和办学风格，造就一批教育家，倡导教育家办学。

倡导教育家办学，要在扎根于民族文化土壤的同时，吸纳一切人类文明成果，形成具有本土特色和全球视野的教育实践和教育智慧。在我国源远流长的几千年文明发展进程中，不仅积淀了丰富的教育话语体系，而且涌现出一批又一批的优秀教育家。如，有被推崇为“大成至圣先师”“万世师表”的孔子，有“匹夫而为百世师，一言而为天下法”的韩愈，有“捧着一颗心来，不带半根草去”的人民教育家陶行知，等等。

江苏素有重教兴学的优良传统。明清两代全国202名状元中，有66人出自江苏，约占总数的三分之一。新中国成立以来，两院院士三分之一以上是江苏籍。“十一五”规划以来，江苏认真贯彻国家、省教育规划纲要，坚持把优先发展教育作为强省之基，把科教与人才强省作为经济社会发展的基础战略，扎实做好教育改革发展各项工作。为顺应发展要求，江苏在2009年启动实施“江苏人民教育家培养工程”，旨在通过培养一批具有教育家潜质的校长、教师，带动全省师资队伍建设，提高全省教育质量。工程启动和实施以来，得到了省内外同行的高度关注，《中国教育报》《人民教育》等权威教育媒体纷纷予以报道，给予了很多的支持和鼓励。在工程的带动下，全省基础教育人才队伍建设工作蓬勃开展，人才梯队不断优化，人才培养形成常态化。无锡的教育名家培养工程、常州和镇江的名师工作室、苏州的姑苏人才计划、南通和淮安的名师名校长培养工程、连云港的中小学高层次人才"333"工程、泰州的中小学卓越教师培养计划、扬州的领雁工程等都取得了良好成效，为江苏基础教育事业的明天提供了人才支撑。

一、设计思路

古今中外的教育家，虽然成长路径各不相同，但他们身上都有一个共同特点，那就是都有强烈的发展愿景，都是积极主动、持之以恒地追求自我发展。而有计划的培养可以促其自觉、促其坚定、催其奋进、助其提高。实践证明，通过有效地整合社会资源，建立系统而完整的培养制度，对培养对象进行引领、促进、支持，给予他们相对良好的成长空间和必要的规制，有助于他们更快更好地成长。我们认为，确立"人民教育家是可以培养的"观念，是科学的人才观、发展观在师资队伍建设中的体现。

确立目标宗旨。为一批立志终身从教、教育理念新、科研能力强、专长突出、风格鲜明、发展潜力大的中小学教师和校长创造条件，提供平台，给予重点培养，帮助他们在教育理论素养和创新实践能力等方面得到全面提升，使其个人专长更加凸显，特色风格更加鲜明，为他们成长为社会公认的人民教育家奠定基础，并以此带动和促进全省中小学师资队伍水平的整体提升，为江苏建设教育强省、率先实现教育现代化、办人民满意的教育做出更大的贡献。

制订培养计划。工程实施的目标是培养基础教育高端人才。从2009年起，计划在全省范围内分四批选拔200名特级教师进行重点培养。200个培养名额，低于特级教师总数的20%，不到中小学专任教师总数的万分之三。分四批培养，每批50人，确保每一名培养对象都能享有足够好、足够多的专家资源、活动资源、财力资源和实践平台，保证培养过程更加具有科学性、针对性和有效性。

明晰选拔标准。分析近代以来我国教育家表现出来的特质，我们发现他们具有三个方面的共同特质：一是志存高远，具有远大的教育理想，"敢探未发明的新理"，善于发现和潜心研究教育问题，形成自己独到的教育思想；二是学高为师，具有丰富的学识和科学的经验，勇于探索，在办学理念和思路、学校建设与管理、教育教学方式等方面形成鲜明的特色和风格；三是身正为范，具有高尚的人格魅力，热爱学生，尊重学生，对学生有大爱之心，并有较大的社会影响。为此，在培养对象的选拔上，我们确定了"坚持一个基本条件、着重考察三个方面"的遴选原则。基本条件必须是特级教师，是"师德的表率、育人的模范、教学的专家"。在此基础上，着重考察培养对象是否有正确的、强烈的成长动机，有为人民教育事业奋斗终身的坚定理想和不懈追求；是否具有深厚的教育理论素养、文化素养和专业素养，有成为人民教育家的基础条件和发展潜力；是否具有高尚的人格魅力，在区域和学科专业领域内声望高、影响大、示范性强，受到同行、学生、家长和社会的广泛敬重和好评。

二、制度建构

"江苏人民教育家培养工程"是一项系统性工程，旨在探索高端教育人才培养的政策、制度和实践模式，以培养对象的教育思想、办学行为和先进事迹激发全省所有校长、教师的教育热情和奉献精神。经过五年的实践探索，逐步形成了一套比较完整的培养体系，制定了《江苏人民教育家培养工程实施指南》，形成了管理、培养、考核"三位一体"的培养工作机制。

建立了管理机构。在管理上，教育厅成立了"江苏省人民教育家培养工程领导小组"，负责培养工作的整体把握和指导，指定江苏省教育科学研究院负责工程的具体实施工作。根据培养对象的特点和研究方向，成立了分学段或分学科领域和学校管理等不同培养方向的五个研修组。与培养对象相对应，组建了五个专家指导小组，通过个别指导和集体指导相结合的模式，就培养对象的发展规划、研究方向、课题研究进行指导。

搭建了培养平台。在培养上，以"政府创设平台、专家引领指导、个人主动发展、团队共同提高"为培养机制，以帮助培养对象"提高师德修养、拓展教育视野、创新教学理念、提高教育教学能力水平"为核心培养内容，规划实施了九大系列培养计划：催生教育主张——培养对象理论素养提升计划；聆听高端讲座——培养对象知识结构更新计划；牵手农村教育——培养对象责任修炼计划；推动教育创新——培养对象实践模式构建计划；走近教育家——培养对象分类阅读计划；聚焦实践问题——培养对象小组合作研究计划；带动共同发展——培养对象团队建设计划；教育家办学——影响力论坛计划；行者无疆——教育考察计划。围绕计划，在2014年至2019年第三期培养对象培养期内，共开展省级集中活动20余次、小组活动近100次。

制定了考核制度。在考核上，省教育厅委托省教育科学研究院与培养对象签订"目标责任书"，依据目标责任书开展年度考核、中期考核和终期考核工作。其中，年度考核实行报告评价式考核，研修小组和培养对象每年要做一次工作总结，报告一次研修心得；中期考核在培养期的第三年举行，实行发展性评估考核；终期考核按目标责任书实行目标考核。培养周期完成，在个人考核的基础上，成立"培养工作评估项目组"，对项目实施情况进行整体评估。

提供了条件保障。主要从专家、平台、经费等方面为工程实施及培养对象提供专业支持、环境支持和政策支持。一是组建了专家指导团队，聘请了国内一流专家。目前共聘请专家119人次，其中为第三期培养对象聘请的专家有35人。二是设立省教育科学规划“十三五”人民教育家培养对象专项课题，鼓励培养对象申报教育科研课题研究项目，通过课题研究推动培养对象成长。三是为每位培养对象至少安排一次出国研修的机会、召开一次教育思想研讨会、资助出版一部专著，为他们形成教育教学思想创造条件。

三、实践成效

工程实施以来，每一位培养对象都以教育家的素养标准要求自己，经过五年努力，提升了综合素养，取得了很多教育教学成果，带动了区域内多元团队的共同发展，还通过跨区域的合作在更大范围发挥了重要作用。

素质显著提高。五年的研修对每一个培养对象来说都是一个迅速进步的过程，他们的专业素养与教育能力不断提升，教育思想已现雏形。其一，潜心读书，提升了专业素养。有的培养对象五年阅读了100多部专著，撰写了40多万字的读书笔记。其二，实践探索，提高了教育能力。通过构建自己的课堂教学模式提高课堂教学质量，通过成立名师工作室和建设学科基地发挥辐射作用，通过管理模式的变革寻求学校的优质发展，已成为培养对象的行为自觉。其三，活动研修，拓宽了教育视野，丰富了发展内涵，增强了服务江苏教育发展的责任感与使命感。其四，自省反思，凝练了教育思想。通过回顾和反思、梳理和归纳，做到更深刻地认识、更清晰地表达自己的教育理念，初步形成了自己的教育思想。

研究成果丰硕。五年来，各位培养对象在实践研究方面积极进取，取得了丰硕成果。据不完全统计，第三期培养对象公开发表论文880篇，其中在核心期刊发表191篇；编著图书79本，出版专著35本；主持市级以上课题（项目）研究166项，开设县级以上公开课、讲座1821节（次）；被媒体报道210次。教学办学上，他们不仅善于把自己的教育理念运用到实践中去，而且非常注重特色成果的形成，成为江苏基础教育改革大背景下一例例鲜活的典型。他们的教育教学实践获得了广泛认可，产生了深远的影响，累计获得各级各类荣誉表彰300余项。这些成果来之不易，体现了各培养对象不断超越、勤于探索的精神。

带动效应显著。培养对象皆有自己领衔的发展团队，不仅有学校管理团队、教师集体和学科教师团队，而且有市（区、县）的名师团队、骨干教师团队，为带动当地教师发展做出了很大贡献。在团队发展过程中逐渐形成了由“被动发展”走向“主动发展”、由“短期性发展”走向“持续式发展”的良好格局，表现出相当高的发展水平与强大的辐射力。另外，第三期培养对象共开展“牵手农村教育”活动近30次，覆盖近30个县、市（区）50多所农村学校，发挥了培养对象的专业服务作用，带动了农村地区教师专业发展。难能可贵的是，他们在成为“培养对象”后，依然有着清醒的自我认识。他们常常淡看自己的努力和成就，却对“机遇”怀有感恩之心。正如一位培养对象所说：“孔子的彼岸是闻达于诸侯，我在想我们的彼岸是什么？也许我一辈子也成不了教育家，但我可以拥有教育家的志向、教育家的情怀、教育家的理想。在培养工程一千多个日日夜夜里，我如农夫般日日耕耘，如哲人般时时自省。从此岸到彼岸，是岁月的距离，更是成长的步履。让我们揣着梦想、带着感恩、携着激情，执着行走在成为教育家的路上，不为彼岸只为海！”

当前，江苏教育系统正在全面学习贯彻落实党的“十九大”精神，全力推进教育现代化建设，坚持以立德树人为根本，以发展素质教育为主题，以提高教育质量为核心，以促进教育公平为重点，以服务经济社会发展为重任，以深化教育教学改革为动力，以扩大教育对外开放、提升教育国际合作交流水平为重要路径，以教育信息化为着力点，以争取加大教育投入、建设高素质专业化教师队伍为关键，探索建立中国特色现代学校制度，努力营造健康向上的校园文化和有利于教育改革发展的社会氛围，努力办好人民满意的教育。衷心地希望“江苏人民教育家培养工程”的实践探索能给我国推进教育发展和办学专业化、促进高端教育人才成长提供借鉴。

编委会
2020 年 11 月

序言 FOREWORD

母语是特定民族认知世界的独特方式，更是特定民族的精神家园。作为一名优秀的小学语文教师，刘昕显然深谙此道。她准确把握汉语人文性的特点，高扬审美课堂的旗帜，不断探索母语教育的规律。沉浸其中，流连忘返，甚至生成“沸腾”的审美感受。可见，她的语文教学，不仅是职业本分，也是生活方式，更是生命样态。

一

“沸腾”是指情绪高涨。

刘昕审美课堂的发端，首先在于理想的追寻。王力先生说汉语是“人治”的语言，而不是如西方的语言那样具有“法治”特点。黎锦熙先生说汉语“偏重心理，略于形式”。基于汉语这种人文性的特点，刘昕认为应当以适合儿童学习的方式帮助儿童发现母语的审美规律，提升儿童的审美素养，鼓励儿童的审美创造(审美表达)。我们应当努力寻找一条符合母语自身审美特点的教学路径，解放儿童，使儿童在符合审美规律的自由中获得母语学习的幸福感，让儿童母语教学的目的指向人的言语生命成长，指向人的核心素养获得，同时改善儿童母语学习的生态。

刘昕探索审美课堂这一行为本身也是在寻求问题的解决和创新。她曾经不断反躬自省，归纳出一系列亟须解决的问题。如：母语本身的审美价值被当下课堂忽略，语文知识学习呈碎片化，肢解的分析和机械的训练使母语自身的审美价值被忽略甚至被遮蔽了；儿童学习的主体性未得到保障，语文课堂知识灌输现象依然很常见，以学生为主体的语文实践缺乏足够的生存空间；符号(文字)给儿童母语学习带来压力，需要在打通儿童符号化学习和儿童生活经验的路径上有一定突破；等等。刘昕认为，审美课堂的建构是可以有效解决这些问题的。

刘昕的审美课堂还源于一种师承关系。“儿童母语审美教育的课堂实践”孕育诞生在南通崇川李吉林情境教育发祥地。该成果主要完成人都是在情境教育哺育下逐渐成长起来的小学语文新生代名师培养对象，第一完成人刘昕主持工作的学校为南通市情境教育实验学校。李吉林的情境教育顺应儿童天性，突出“真、美、情、思”四大元素，以“儿童—知识—社会”三个维度作为内核，构筑了具有独特优势的课程范式。儿童母语审美教育的课堂实践既是对儿童母语教育的自觉担当，也是对情境教育的传承和发展的自觉担当。

可见，刘昕的审美课堂源自使命感。当然，这种高涨的情绪是灌注在她全面的实践过程中的。

二

“沸腾”是指状态热烈。

审美境界是儿童母语学习的最佳状态，这是一种让教学活动充盈着愉悦、自由、真善的境界。那么，如何才能达到这种审美境界？教学实践中，刘昕从目标诉求、内容组织、活动方式等维度提出若干操作策略。

刘昕的审美课堂首先考虑的是“人”的学习状态，是如何激活儿童这一学习主体。教学是意义呈现与生成的过程，当意义越丰富时，其审美价值就越高，从中透出人性之美与生命之美。因此，审美课堂注重将语文的符号学习还原到儿童的生活情境中，让儿童在更开放、更灵活、更自由的场域中进行母语学习，让他们知悉母语学习的意义，获得自我存在感。

刘昕十分重视知识的审美化解读。刘昕的审美课堂总是自觉地用审美价值标准去优化儿童母语学习的材料，充分挖掘、欣赏教材中的审美因素。无论是字词、句段还是篇章，无论是散文、说理文还是说明文，都有母语表达的独特之美。刘昕在面对这些文本时，首先找到它们并充分理解与吸收，对教材篇目进行必要的整合加工、对比印证、拓展延伸，用审美的标准对待教学内容。

刘昕审美课堂的重要策略是用审美方式打开课堂。刘昕以“审美的方式”展开儿童的母语学习，让学生在体验与感悟、欣赏与评价、表现与创造中，自由自在地学习。在教学中通常选用“涵泳诵读”“情境再现”“入境欣赏”“创造表达”的操作策略，努力助推儿童达到母语学习的审美境界。“涵泳诵读”是学生初步感知文本中母语之美的必由之径，涵泳其中，反复诵读，其美自现。“情境再现”是教师采用情景教学的方式，为学生营造富有感染力的情景，让儿童再次走进文本，感受母语之美。“意境”是我国传统文学（尤其是诗歌）追求的一大特色。“入境欣赏”就是引导儿童通过文本中的“景”，探寻背后的“情”“意”，真正步入母语文本的“意境”之中，欣赏其美，体悟“美情”，感情共鸣，形成共识。“创造表达”则是培养儿童创造美的能力，可以让儿童通过口头或书面的形式，说出自己对于母语文本之美的独特感受，并借助模仿的桥梁，走向自由表达、主动创造美的境界。

刘昕审美课堂的可贵之处还在于创造了课堂的高峰体验。审美课堂要求儿童必须沉浸其中。刘昕淡化学习的功利色彩，努力创造适合儿童的活动化、生活化和游戏化学习情境，让儿童兴趣盎然地学习，让他们享受学习带来的愉悦感。刘昕设置活动化教学情境，突出教学内容与方式具体可感和生动形象，以活动、浸润和体验的方式帮助儿童审美入境；刘昕的审美课堂突出母语学习的生活化情境，让母语教学和儿童生活经验相遇，和文字背后的故事、情景相遇，帮助儿童降低言说难度，找到更多表达的切入点，激发儿童表达的欲望，使儿童对母语学习充满兴趣、热爱和向往；刘昕的审美课堂突出母语学习的游戏化情境，让儿童自主参与游戏，在游戏中领略母语本身之美和主体愉悦情感之美。

审美化使刘昕的课堂闪耀着自由的光泽。高尔泰先生说“美是自由的象征”。审美课堂追求灵动自由，让儿童在母语学习中不断生长主动探索的积极愿望，不断享受自我成长的悦纳感，从而有所得。这种所得可以概括为个性化的体悟、独特的想象与诗性化表达。刘昕营造了“尊重、包容与合作”的课堂文化，打造“体验、开放和生成”的教学时空，推行“对话、分享与理解”的活动方式，实施“多元、积极与欣赏”的教学评价，使儿童在符合审美规律的自由中获得母语学习的成就感与幸福感。审美课堂追求意义生成，将母语教学指向儿童的精神领悟、心灵觉醒与生命成长，让儿童在母语学习中获得自我感，认识到母语知识与其生命发展的关系。儿童在母语学习中获得的自我体验越深刻，自我感越强烈，其所获得的生命价值越多，这样的教学也就越有审美价值。因此，刘昕的审美课堂呈现出有散步意味的流连欣赏、有留白意味的浪漫想象、有开放意味的话题互动、有辨析意味的感悟升华；有涵泳诵读、揣摩品味；有入境欣赏、诗意联想；有情境演绎、创美表达。儿童在母语学习中步入审美的殿堂，彰显生命的活力，达到生命体验的高峰状态。儿童的表达真实地反映了这样的高峰体验的确达成了。有学生这样表达：“我们在小组里一起讨论，朗诵，每一次完成阅读任务或展示，我们都觉得特别兴奋。在语文老师的课上，我们每个小组每节课都能参加诵读的表演啊，抢答啊，辩论啊这些很有意思的活动。”“这样的语文课非常有意思，虽然我们每个人的脑子被搞得很累，但是我们心情很愉快。我就特别喜欢上我们现在的语文课，我们需要努力想，用心读，才能得到答案。老师经常鼓励我们，让我们想办法使答案自己走过来。我们在语文课上总是觉得一会儿就下课了。”

三

“沸腾”是指事物蓬勃。

刘昕的审美课堂是基于汉语本质特点构建的。她让语文教学始终伴随着强烈的审美运动，努力依凭“境、场、象”来进行教与学，让整个教学过程伴随强烈的情感，使教与学都成为“生命律动”。审美课堂教学方式孕育并生长在母语本质研究和儿童学习特点研究基础上，指向儿童言语生命的健康发展，切实有效地提高了儿童语文生活的品质，从而提高了儿童语文素养。

刘昕的审美课堂塑造了儿童美好的心灵，把语文的人文性和工具性统一在审美的课堂教学方式中，是融真、善、美于学科教学之中的有效途径，是对党和国家要求立德树人应该成为学校全部教育的首要目标，应该建立德性养成的学科育人融合模式的实践性呼应。

刘昕的审美课堂提升了儿童的审美敏感性。刘昕的审美课堂中落实着生活的、情境的、活动的、实践的、“做”的、“活”的、“亲历”的、“主体”的、感性的、建构的、具身的、习得的、自由的、开放的……这些具有亲属意义概念的学习生态。审美课堂中的教师乐于和儿童打交道，热爱儿童，擅长表达自我，具有丰厚的学识，具有宽容的心胸和宽厚的性格，在任何时候保持真诚的态度。由此，审美课堂呈现出儿童母语学习的独特气质，与母语之美的气质相互印证，相互匹配，在体验与感悟、欣赏与评价、表现与创造中，教与学、人与文彼此欣赏，课堂节奏张弛有度，儿童主体性充分彰显，课堂氛围自由自在。儿童的审美能力在这个过程中潜滋暗长，不断提升。

刘昕的审美课堂帮助学生过上高品质的语文生活。刘昕的课堂形成了积极的语言活动，这是好的语文课的一种表现。实践活动构成了语文课的教学主线，学生不断地读，不断深入地读，在读中鉴赏玩味语言的美妙。每节课的活动主线设计得相当有梯度，以至于我们不仅看到了儿童具身参加，而且清晰地看到了儿童获得的精神的愉悦乃至精神的成长。审美课堂提供儿童认识文本的方法，也就是提供审美的“审”的方法，帮助学生发现文明的成熟、心智的成熟和语言的成熟。学生发现文本的成熟，也正是自己在这些方面走向成熟的开始和标志。在课堂的多边审美交往中，儿童的生命不断展开、丰富、提升、充盈、丰满、生成，他们过着有意义且有意思的高品质语文生活。正如刘昕所说：语文教学是项目组全体成员意义世界的确证；审美是师生沉醉的语言生活和沸腾的母语情绪；儿童日常生活中的高品质语文素养表现是我们最衷心的期盼……

在此，衷心祝愿刘昕和她的学生在审美课堂中幸福地生长并一路收获。

杨九俊

（江苏省教育学会名誉会长，研究员，特级教师。苏教版普通高中语文教科书主编，统编版普通高中语文教科书分册主编。曾获国家和省基础教育教学成果奖，全国教育科学研究优秀成果奖。）

目录

CONTENTS

第一章　核心概念

第一节　关于儿童

一、儿童是走向自由生命的特定阶段

儿童首先是独立的人，是走向自由生命的特定阶段，关键词是生长。蒙台梭利从发展的观点出发，认为儿童时期是人一生发展最重要的时期。儿童处在不断生长和发展变化之中，而且这种发展变化主要存在于内部，包括生理和心理两个方面。

从生理方面来看，儿童处于一种明显的弱势地位，表现出令人怜爱的样子。但是，个体是在不断发展的，儿童潜伏着的生命力量是逐渐呈现的。儿童体内蕴藏着勃发的冲动力。正是这种本能的冲动，赋予他们积极的生命力，促使他们不断发展。儿童具有两种本能，一是主导本能。“当一个新生命诞生时，它自身包含了神秘的主导本能，这将是他的活动、特性和适应环境的源泉。”①二是工作本能。“儿童工作的愿望代表了一种生气勃勃的本能，因为没有工作就不可能形成他的人格：人是通过工作构造自己的。”②儿童正是通过不断地工作进行创造，使自己得到充分的满足并形成自己的人格。

从心理方面来看，儿童的心理发展既有一定的过程，也具有隐秘性。在儿童心灵中隐藏着一种深不可测的秘密，随着心灵的发展，它逐渐显现出来。就像生殖细胞在发展中遵循某种模式一样，这种隐藏的秘密也只能在发展的过程中被发现。

儿童是精神的胚胎。儿童绝不仅仅是一种肉体的存在，更是一种精神的存在。只是他的精神深深地隐藏着，不明显表现出来。而且，每个儿童的精神都是独一无二的，就像不可能有两个完全一模一样的手工制作的物品。尽管儿童处于明显的弱势地位，但这种弱势是儿童自己富有特色的心理个性的苗床。他们开始一无所有，经受一定环境刺激后，逐渐表现出令人惊叹和不可思议的心理过程，呈现出自己的个性。儿童的精神生命是独立的，能引发所有外部活动。儿童通过自己的努力形成了个性，从某种意义

---

① 蒙台梭利：《童年的秘密》，马荣根译，人民教育出版社，1990，第30页。

② 同上书，第183页。

上说，他成为自己的创造者。

尽管儿童缺乏经验，但是儿童拥有的最丰富的潜力使他们能够适应外部世界，并防止受到外部世界的伤害。儿童具有下意识的感受能力，能够积极地从外部世界获取各种印象和文化模式，并有选择地吸收，使之成为他们心理的一部分。一个人在童年时代所获取的一切会一直保持下去，甚至影响其一生。儿童心理发展的过程中有各种敏感期，这种敏感期跟生长密切相关，并在不同的年龄阶段表现出不同的敏感性。人的智力发展也建立在儿童在敏感期所打下的基础上。正是这种敏感期，使儿童以一种特有的强烈渴望接触外部世界。在这个时期，他们容易学会每一样事情，对一切充满活力和激情。

儿童和成人具有两种不同的智力视野。儿童的心理个性和成人是截然不同的，这是一种性质上的差异，而不仅仅是程度上的差异。在所有儿童成长的过程中，都会出现这样一个时刻：面对成年人习以为常的世界，他们提出了绝大部分成年人没有想到也回答不了的问题。这就是好奇心的觉醒。和好奇心的觉醒一起，理解力、想象力、荣誉感、自尊心、心灵的快乐与痛苦……人类精神的一切高贵禀赋也先后觉醒了。儿童是一个人走向自由生命的特定阶段，绝不是忘记自己曾经拥有儿童时代的成人的附庸。这和在人类社会向文明社会前进的过程中，每一个阶段都具有其独特的文明是一样的道理。

二、儿童言语学习的优势

儿童为什么能在短短几年内掌握各种复杂而抽象的语言规则呢？儿童的语言知识和能力是先天具有的还是后天习得的呢？获得语言的过程是单纯语言能力的发展还是和一般认知能力的发展有关呢？在获得语言的过程中，儿童是主动的创造者还是被动的接受者（或模仿者）？这些问题是近 20 年来发展心理学家和心理语言学家热烈讨论的。无论学者们在其他方面的分歧有多么突出，在这一点上却达成了共识：儿童言语学习的感性特点和言语本身的非逻辑性优势是匹配的。

卢梭说："儿童处于理性的睡眠期。"儿童对形象的感受则处于敏感期。他们对形象、色彩、声音都极度敏感。儿童的内在敏感性使他能从复杂的环境中选择对自己的生长适宜的和必不可少的东西。内在敏感性使儿童对某些东西特别敏感，而对其他的东西无动于衷。当某种特殊的感觉在儿童身上被激起时，它就像一道光线照在某些物体上，使得这些被照到的物体成为他的整个世界。这不仅仅是对某些情境或某些事物具有强烈欲望的问题。在儿童内部，还具有一种能运用这些物体以利于自身发展的独特潜力，因为正是在敏感期内，儿童进行心理的调整，使自己能适应环境并轻松地到处活动。我们可以把这奇妙的创造性活动想象成一系列来自潜意识的充满活力的冲动，当这些冲动跟环境接触时，就产生了一个人的意识。它们最初是混乱的，然后被区分清楚，最后达到能进行创造性活动的境界。从儿童学习说话这方面就可以清楚地看到这一点。

当不同的声音传进儿童的耳朵时，它们就对儿童产生了极大的吸引力。此时尚未有推理能力的心灵听到了一种音乐，这种音乐充满着这一心灵的世界。这个儿童的神经被充分地调动起来了。它们在某种指挥下开始有规律地震动。这标志着精神胚胎的生命的新时期开始了。这是一种倾全力于现在的生活。

只要儿童的环境能充分满足他的内在需要，这一切就将悄悄发生。说话技能是儿童所有要掌握的东西中最难的一种。但是由于儿童处于敏感期，常常在不被注意的时候，他悄悄地理解着他所听到的声音，这些声音大多来自人们的交谈，无论是成人与儿童之间的，还是成人与成人之间的。他被人们包围着，人们通过说话为他的发展提供了必要的条件。

三到四岁是儿童对色彩的敏感期。儿童喜欢认识色彩，儿童对色彩的认识更多体现在生活中，如选择玩具的颜色、衣服的颜色等。这个时期过后，儿童就进入了涂色的敏感期。儿童涂色的过程为以后的书写作准备，只有经历最初的乱涂，他的书写才会逐渐趋于规律性。小学三年级后，儿童已经将色彩融入自己的意识，色彩开始被儿童使用，这在绘画中有所表现。儿童画画和儿童涂色这两个活动是完全不同的。儿童画画常常只使用一种颜色、一支笔。有时候一幅画全部是用铅笔画出的，但在最后，儿童会慎重地在这幅画中点一个带有色彩的点，这说明儿童对色彩特别重视。

这一切都证明儿童言语学习充满感受性，这样的感受必须通过色彩、声音和形象激发。而母语（汉语言）的形象性正是她在世界文字中的独特标志，汉语的这种特质和儿童言语学习感受性优势完美适配。她的形象之美、节奏之美无与伦比。汉字作为书法，在后世成为中国独有的艺术门类和审美对象。汉字是以“象形”和“指事”为本源的。“象形”作为“文”的本意，是汉字的始源。后世的“文”的概念便扩充直至相当于“美”了。汉字书法的美确实建立在从象形基础上演化出来的线条章法和形体结构之上，即在它们的曲直相宜，纵横合度，结体自如，布局完美，这种净化了的线条美如同青铜饕餮纹般是一种好看的纹饰。直到春秋战国，汉字，作为审美对象的艺术特性便突出地、独立地发展起来，其独立性质的艺术作品和审美意识也真正出现并延续至今。“中国古代商周用铜器铭文里所表现章法的美，令人相信仓颉四目窥见了宇宙的神奇，获得自然界最深妙的形式的秘密。”“通过结构的疏密，点画的轻重，行笔的缓急……就像音乐艺术从自然界的群声里抽出乐音来，发展这乐音间相互结合的规律，用强弱、高低、节奏、旋律等有规律的变化来表现自然界社会界的形象和内心的情感。”[①]在这些似乎有点夸张的说法里，我们却可以非常透彻地理解作为线的艺术的汉字的审美特征：它像音乐艺术从声音世界里提炼抽取出乐音来，依据自身的规律，独立地展开为旋律、和声一样，以其挣脱和超越形体模拟的笔画的自由开展，构造出一个个一篇篇错综交织、丰富多样的纸上的

① 李泽厚：《美的历程》，安徽文艺出版社，1994，第 48 页。

音乐和舞蹈,用以抒情和表意。汉字是多样的流动的自由的美丽,净化的线条如同音乐旋律一般,成为我国割裂造型艺术和表现艺术的灵魂。她是活生生的、流动的、富有生命暗示和表现力量的美。

三、审美活动是儿童学习的天性

审美是人的一项本能。审美的需要是人的一种基本需要。所以美的本质,基于人的本质。儿童最接近于人性的原初形态。我国艺术大师范曾说:人活到七十岁,还能把自己看作是少年,是十分幸福的感觉。现代美学家们也常常热衷于编织一些引人入胜的世外桃源,甚至提倡“用儿童的眼光来看世界”。在他们看来,如同儿童那样的自由审美方式才可以确保我们在美与艺术中得到远离现实无穷忧患的安慰。事实上,儿童的生活的确是用一种真实的自由,来代替成人想象中的自由,儿童用一种真实的幸福,来充实成人想象中的幸福。儿童的活动正是追求自由的审美活动。他们往往通过审美的快乐来体验自由的快乐,故而他们审美的经验是体验自由的经验。所以毋庸置疑,唱歌、画画、舞蹈是深受儿童青睐的活动内容及形式。

人类社会发展的秘密和儿童成长的秘密有着极其惊人的相似,也许这些秘密依然没有得到最彻底的解码,但是对儿童的研究在很大程度上可以以人类发展进步史中已然破译的内容为参考。

我们知道,原始的审美意识和艺术创作并不是观照和静观,它们是一种狂烈的活动过程。李泽厚先生把这种原始歌舞时代称为“龙飞凤舞”。“龙飞凤舞”作为图腾标识,所代表的是一种狂热的巫术礼仪活动。后世的歌、舞、剧、画、神话、咒语……在远古是完全糅合在这个未分化的巫术礼仪活动的混沌统一体之中的,如火如荼,如醉如狂,虔诚而蛮野,热烈而谨严。它们是具有神力魔法的舞蹈、歌唱、咒语的凝冻化了的代表。它们浓缩着、积淀着原始人们强烈的情感、思想、信仰和期望。它们既是巫术礼仪,又是原始歌舞。

儿童的歌舞也并非是无意识的表现形式,它们往往是儿童有意识的物化形态,以此表达内心的欢愉与苦痛。尤其是当儿童无法自由言说的时候,最先帮助他们传达内心需要的就是类似于原始歌舞的肢体语言和无法则却有情感的哼唱(比如声调高低不同、节奏张弛有异的啼哭)。儿童还常常通过手舞足蹈的方式表达内心的欢乐或对外在某一事物或某一情境的认同。比如,当婴幼儿听到一段欢快的乐曲时,他们会情不自禁地晃动身体或用一种单一的手舞足蹈的方式传递信号。再比如,几乎所有的孩子都喜欢坐带有儿歌诵读或吟唱的电动“摇摇车”。这些是儿童对声音,尤其是有旋律有节奏的声音的独特“审美享受”。

对图画和色彩的热爱也是儿童的重要审美活动。儿童对色彩的敏感与生俱来,他们会区别明亮的色彩和灰暗的色彩所包含的对立情愫。在蒙台梭利对儿童的长期观察中,她发现健康的儿童对鲜艳明亮的暖色调有着强烈而偏执的喜爱,而那些心理自闭或身体有缺陷的孩子往往喜欢涂画出灰暗的色调。心理医生对前者进行治疗的时候，往往不急于让孩子更换色彩，而是鼓励他们不断地作画，以作画的形式疏通郁结，发泄情绪。当治疗达到一定的程度时，心理医生发现这些孩子的图画颜色逐渐明亮，这正是健康发展的外显形式。儿童的图画很有特点，它们并非是现实主义的，而是浪漫主义的，形象夸张，用色独特，表现的是儿童自己眼里世界和生活的模样。

儿童对文学的审美需求和偏爱则表现在对童话故事的无比喜爱。童话故事与儿童有天然的亲密性。童话是对人类心灵的隐喻，是对个人心灵为挣脱恐惧、焦虑所作挣扎的隐喻，对儿童的心灵发展非常重要。童话一般以“从前”开始，一下子将儿童引入非现实之中，为儿童开辟了一条超越现实苦恼的道路；以主人公的胜利结尾，又将儿童带回现实，暗示儿童生活中的困难都是可以克服的，没有过不去的“火焰山”。更重要的是，童话以儿童喜爱的方式探讨人类生活的普遍问题，纾解萦绕儿童心际的问题，释放儿童内心的压力。儿童的心灵稚嫩又敏感，儿童在成长过程中困惑很多、压力巨大，但因为年幼，不善表达，不能清晰描述自己的问题和压力，所以很难主动求助于成人。如果父母有足够的经验和敏感度，还能捕捉到一些苗头，帮助孩子解决问题，如果父母为生活所迫无暇顾及孩子，又没有足够的能力和敏感度，就可能不但帮不了忙，还加剧了问题。童话可以通过隐喻的方式，启发、陪伴儿童应对成长中说不清的问题和压力。童话从儿童所处的现实状况出发，用隐喻的方式将儿童受到的困扰描述出来，用暗示的方式告诉儿童该如何做。面对语言能力发展迟缓或有困难的孩子，教师常常用童话故事进行“阅读疗治”，这可以说是一个“良方”。儿童会被童话故事所吸引，在童话故事中找到自己的影子。童话故事帮助儿童道出了他们自己所无法道明的困惑和压力，并为他们指明了方向，给了他们成长的希望和信心。童话既有童心，又有爱心，与教育爱一起汇成爱的合奏曲，所有这些因素加在一起，可以共同打开儿童的言说之门。

四、儿童在怎样学习

儿童的学习是情境性的。皮亚杰最早从发生和起源的角度研究人类认知发展的各个阶段，他最早提出人的认知发展从出生到成熟经历了四个基本阶段。第一个阶段叫感知动作阶段。儿童是通过外部感知的活动来认识世界的，在这个感知活动当中，心智和认知必然是以在环境中的具体的身体结构和身体活动为基础生长的。最初的心智和认知发展是基于身体和涉及身体的，这就是说活动之所以重要，是因为它本身跟内在的心智发展相关联。心智始终是具体身体的心智，而最初的认知则始终与具体身体结构和外在图式有内在关联。李吉林的情境教育之所以对小学教学乃至小学教育产生巨大的影响也正在于此。“优化的情境”不是一个随意的发挥，而是一个结构化的、有条理的情境。知识有赖于我们的身体、我们的语言和我们的社会历史。知识并非存储在心智中，而是在与世界的交往活动中获得发展的。换言之，无论是个体还是群体，他的心智发展都是在与外界的交流和交往中获得延伸的。所以认知者与他实践的世界是彼此蕴含并相互生成的。

人类的认知发展会经历从动作思维到布鲁纳所说的肖像思维之间的具象空间，使儿童在最初接触某种材料的时候能够浸润其中。在这里，也有两种认知观，皮亚杰认为学习是一个个体的过程，它是个体发现、同化和吸收外界的知识并重建自身认知结构的过程。但是维果茨基认为，学习从一开始起就有着社会文化的特征，也就是说，儿童是在跟成人和社会给予的符号工具进行交往的时候进行学习的。所以，他就提出了一个"中介"的概念。而这个"中介"概念，也就是后来所谓"最近发展区"的理论基础。情境是一种有条理的结构化的世界图像，它创设了一种中介学习的经验，从而构成了认知发展的最近的决定因素，机体和环境因素对认知发展的影响是通过中介学习体验而实现的。这样，情境与心智和世界之间构成了一种同构关系，也就是说，用情境来营造一个有条理的或者优化的事件、图像片段。在营造的同时，人们通过对外在情境的解读，建构着内在的心智世界，所以情境在我们学习当中是必需的和自然的要素。也正因为如此，情境教育不仅有助于学生心智的建构，更有助于他们理解真实的外在世界。这样的情境展开了学生想象的空间，李吉林老师称之为"一个开放的世界"。李吉林老师之所以成功，情境教育学派之所以具有旺盛的生命力，归根结底就在于情境教育是基于儿童学习特点的教育模式，即儿童的学习是情境性的。

儿童的学习是游戏性的。游戏是通往儿童内心世界的桥梁。在儿童世界，游戏无处不在。初生婴儿的动作模仿，幼儿用湿的沙子建造城堡，忙着"过家家"……在各种游戏中，儿童大胆地想象，充分地体验，尽情地享受，游戏让儿童以自然的方式表达他们自己的思想、情感，探索自己和他人的关系，扮演不同的角色。游戏是一种独特的媒介，是儿童不可或缺的一部分。游戏能促进儿童语言表达、沟通技巧、情绪调控、社交技巧、决策技巧等能力的发展。游戏，对儿童来说，存在着表达、沟通、体验、成长等重要价值。通过游戏，儿童可以完成自己在发展上的任务。儿童的语言表达能力尚未发展成熟，这限制了他们对自己内心问题和需要的表达。游戏作为最适合儿童的自然媒介，是儿童生活经历的一种"描述"，是儿童情绪调节与表达的显示器，是儿童新想法和新行为尝试的有效工具。游戏还能够传达来自儿童潜意识的冲突和环境压力所产生的困扰。由此，我们基本可以读懂儿童学习的兴趣取向：游戏，是儿童最不具有教育压迫痕迹和最快乐的学习方式。儿童在游戏中学习的学习后效相对而言更具有长度和深度。学习中的游戏形式同样是为了达到这样的目标。

第二节 关于母语

一、母语是"在世"的确证

这里讨论的"母语"，特指学科教育领域中的语文学科。语文是什么？众说纷纭，莫衷一是。有人说语文是语言文字，有人说语文是语言文章，有人说语文是语言文学，有人说语文是语言文化，有人说语文属工具，有人说语文属人文，有人说语文是符号，有人说语文是生活……没有人说得一点不对，没有人说得完全正确。似乎每个人永远只能看到部分，永远无法穷尽真理。

但是，总有最接近本质的说法。而要接近本质，恐怕只能通过语源学和发生学来追溯。

古代人类通过劳动实践，把自己从自然界超拔出来，其主体性表现为自增性和反身性。一方面，人类不断地把实践变成营养，在总结经验的基础上获得发展；另一方面，在把一切客观事物当作对象来观照的同时，也能把自己当作对象"直观自身"。人类在生产着物质财富的同时，也生产着精神财富，即除了在物质上留存所有的实践外，还要在观念上将其留存，以观照到自己的实践成果，为进一步的实践留存经验。物质形态的财富终会湮灭，"君子之泽，五世而斩"①，而观念形态的经验则应该（同时也可以）代代相传。经验的留存其实就是符号化的过程：最早是口耳相传，继而有结绳记事，再有岩画，再有陶纹，再有甲骨文、钟鼎文；纸张和印刷术的发明使这种经验留存产生了革命性飞跃；到数字化时代，则又是另一场伟大的革命，人类的经验留存就有了便易、海量和高仿真的特点。虽然这种符号化的过程极为漫长，几个节点的"革命"惊天动地，但恒久不变的一点是：人类实践的经验留存借助符号化来实现表征。这种表征的痕迹就是"文"，它的形态是图符、符号，它的意义是人类的实践活动，这种活动的成果就是"物质财富和精神财富的总和"，这种活动的表征（经验留存）就是符号。由实践的原生态到符号表征，正是一种化变。就如自然界的动植物印迹留存在化石上一样，不过一个是人类的自觉行为，一个是自然的鬼斧神工。

以上我们还只是从人类与外部世界的关系（表现为人类改造世界的实践活动）来考察"文"（符号）的形成，而从人类生命的本体意义来考察，我们会发现：语文其实还和人类的本质紧密关联。它就是人类之所以"在"的证明，属于人类生命本身。如果说人类的诞生是以制造并使用劳动工具为标志，那么，言语表达就是最万能的工具。同时它还

---

① 出自《孟子·离娄章句下》，原文为："君子之泽，五世而斩，小人之泽，五世而斩。"意为，君子和小人留给后代的恩惠福禄，经过几代人就消耗殆尽了。

具有超工具意义：它是人类作为类存在物，区别于一切动物和植物的标识。人类通过言说确证自己是人类。“我们说话，因为说话是我们的天性。说话首先并非源出于某种特殊的欲望。人们认为，人天生就有语言。人们坚信，与植物和动物相区别，人乃是会说话的生命体。这话不光是指，人在具有其他能力的同时也还有说话的能力。这话的意思是说，惟语言才使人能够成为那样一个作为人而存在的生命体。作为说话者，人才是人。”①

综上所述，语文就是表达和表征。作为表达，语文是把人内在的东西外化出来，又是把外在的东西，通过人的认识，经由内部的“解码”再输出。所以表达既是表现又是存在。而表征，则是经验留存的一种印迹，是人类生产生活实践活动的符号化。从人类文明演进的角度来考察，语文既是记载文明的工具，同时自身又是文明演进的成果。从前者来说，作为文明的记载，它与文明的关系是符号与意义的关系，是外壳与内核的关系，是表征和所指的关系，是手段与目的的关系。从后者来说，语文本身就是人类实践活动的极其重要的组成部分和最值得骄傲的成果，它是人类思维、交往、记忆、存读无法替代、无与伦比的万能者。通过积淀，语文已经成为人类生命的因子，是人类存在的实践确证。人类的标识可以通过民族的标识来做例证。一个民族，最重要的标识就是她的语言，语言是与民族紧紧联系在一起的血肉。都德的著名短篇小说《最后一课》借语文教师韩麦尔先生之口说过这么一句经典的话：“亡了国当了奴隶的人民，只要还记得他们祖国的语言，就好像拿着一把打开监狱大门的钥匙。”这把语言与民族的关系讲得十分透彻，充满警策的意味，同时十分深刻。

我们挚爱着母语，不仅因为她来自我们民族母亲心中最真挚的呼唤，而且因为她亦是世界上最美的语言。她表现力的丰富，她形式的美妙，她意蕴的丰赡，是世界上其他任何一种民族的语言都无法媲美的。

汉语，应该是世界上最具有音乐性的语言，其声韵“合于《桑林》之舞，乃中《经首》之会”②。从语言学的角度看，汉语的声、韵、调都是音位，而在具体言说的语境中，不同的口吻表达着不同的意义，甚至音值、音高、音长都有表意的功能。再加上用汉语创造的诗词歌赋，其特有的合辙押韵、音节、平仄，与音乐的节奏旋律之美圆融相谐，浓郁的美感由此而生。汉语的“声音”不仅是有用的、有意义的声音，也是美的、有意思的声音。

汉字，也许是世界上唯一的同时还是艺术样式——书法的文字。事实上，我国古代向来有“书画同源”的说法。《说文》上说：文，错画也。世界上几乎所有的文字都源自图画，以其形来表义，以音表义是文字发展到后来的事。而至今依然保留音形义的统一，依然一眼就能看到图画的痕迹的文字，汉字如果不能说是“唯一”，至少也能说是“第一”。即便是形声字，其表音的字符往往还兼有以形表义的功能，这就是文字学中著名

---

① 海德格尔：《在通向语言的途中》，孙周兴译，商务印书馆，1997，第1页。

② 出自《庄子·养生主》，原文指庖丁运刀解牛的技巧进入化境，甚至符合音乐舞蹈的节律。

的“右文说”。

从汉字的图符，我们能形象地看到祖先千百年来的生产与生活实践活动，看到自然与社会和人类关系的种种表现，看到祖先对美好的追求，看到科学、道德与艺术，看到人类的一步步发展。总之，通过汉字，我们“眼前飞扬着一个个鲜活的面容”。汉字，是有生命的图符。

“有声的表达是一种对心灵的体验的显示，而文字则是一种对声音的显示。而且，正如文字在所有的人那里并不相同，说话的声音对所有的人也是不同的。但它们（声音和文字）首先是一种显示，由此显示的是对所有人都相同的心灵的体验，而且，与这些体验相应的表现的内容，对一切人来说也是相同的。”[①]亚里士多德这段文字包含着一种明智清醒的道说，它揭示了那种始终掩蔽着作为说话的语言的经典结构：文字显示声音，声音显示心灵的体验，心灵的体验显示心灵所关涉的事情。

“我们不能把语言看作一种僵死的生产品，而应当视之为一种生产过程，不能仅仅注意到作为对象之描述和理解之中介的语言的作用，而应当更谨慎地回到语言的与内在的精神活动紧密交织在一起的本源和语言与这一本源的相互影响上去。”“如果在心灵中真正产生了这样一个感觉，即语言不只是用于相互理解的交流工具，而是一个真正的世界，这个世界必然是精神在自身与对象之间通过它的力量的内在活动而设定起来的，那么，语言就在真实的道路上，在语言中作愈来愈多的发现，把愈来愈多的东西置入语言中。”[②]绝对没有一种自然语言是那种无命运的、现成自在的人类自然的语言。一切语言都是历史性的。人始终被嵌入语言中，因而绝不能离开语言而从别处来寻找语言本质。我们始终栖居于语言之中，语言栖居于我们之中。

我们常讨论语文工具性和人文性统一的问题。常听到有人批评语文的狭隘工具论和泛人文化倾向，其实无论是批评者还是被批评者，都是在语文的功效上考量，却很少从本源上探究语文的本质。而对语文的发生学解读，可以帮助我们理清二者的关系。

我们说，“语”是有意义的声音，“有意义”是文化，“声音”是工具，“有意义”依赖“声音”得以交流和传播，“声音”依赖“有意义”而获得超越自然的“人化”价值。我们又说，“文”是有生命的图符，“有生命”是文化，“图符”是工具，“有生命”靠“图符”得以留存和延展，“图符”靠“有生命”而获得超越自然的“人化”价值。工具性和人文性的统一本来是天造地设，圆融统整的。而到了学生那里，语文积淀为他生命中的文化因子，或者说激活了“类”通过社会文化遗传，已经预留在个体生命里的“语文文化基因”。把语文作为工具使用也好，或是作为文化享用也好，都是它“在世”的一种确证。

① 海德格尔：《在通向语言的途中》，孙周兴译，商务印书馆，1997，第242页。

② 同上书，第245—246页。

二、言意共生是汉语文的典型特质

我们的汉语文不仅有自己的话语系统，而且还是那样源远流长，繁富辉煌，蔚为壮观。我国古代没有“语文”这一概念，可古人说言论文，虽然谈的不是语文问题，而是哲学、文学、艺术、佛学、玄学等社会科学和文化现象，但都包含在语文的语言学、文章学、文艺学三大内容之中，都属于语文的范畴。对于语言，我国古人主要是从语意方面而不是从语法规则和逻辑规则方面来进行研究的。语意研究，是着重于语言是否能表现事物的意蕴的研究。为此，他们主要使用了“言”和“意”这两个概念。先秦以降，在长达两千余年的“言意之辨”中，虽然不同的人对言和意有不同的称谓，如言又称为语、文、辞、章、辞章，甚至还有体式、章法、结构的意思，但都是指言语的形式、言语的样式；意又称为志、理、义、思、道、神、旨等，但都是指言语的内容。言和意这两个范畴，在今天看来，真是简洁明快，包孕丰富，奥秘无穷，高妙无比。我们完全可以作如下理解：

言和意是汉语文的内在构成要素。众所周知，研究任何事物，探究任何事物的本质，都要从该事物的内在结构入手，都要从该事物的内在构成要素及其内在关系入手，因为内在构成要素及其内在关系决定着事物的性能、面貌、内容和发展方向，决定着事物固有的、深刻的、一贯的和稳定的本质属性。那么，我们研究语文，探究语文课程的性质，为什么不从语文的内在构成要素入手呢？语文的内在构成要素是什么？从古人的无数论述中，我们得知就是“言”和“意”。如《庄子·天道》说：“语之所贵者，意也。”这里“语”“意”相对，“语”最宝贵的是能表“意”，不能表“意”的“语”是没有价值的。《吕氏春秋·离谓》说：“夫辞者，意之表也。鉴其表而弃其意，悖。”这里“辞”“意”对举，而且明确表示“辞”是“意”的外表，只注重言辞这个“表”而丢掉了所表示的“意”，是违背常理的，这是十分精辟的见解。柳宗元《报崔黯秀才论为文书》明确指出：“道假辞而明，辞假书而传。”其中“道”“辞”相对，“道”借助“辞”来表明，因此“道”为主，“辞”为次。刘知幾在《史通·叙事》中要求达到“言近而旨远，辞浅而义深”，其中“言”与“旨”、“辞”与“义”都是相对的。宋代叶梦得在《石林诗话》中曾赞誉王安石之作“意与言会，言随意遣，浑然天成”，仍然是“言”与“意”并举。直到现当代，人们还是从言和意两方面研究文论。朱光潜先生就指出过：“无穷之意达之以有尽之言，所以有许多意，尽在不言中。文学之所以美，不仅在有尽之言，而尤在无穷之意。”[①]类似的论述多得很，而过去的人都是把言和意当作为文的两个基本构成要素使用的，并且还是一外一内，一次一主。言和意构成了我国古代独特的语言理论和艺术理论的框架，蕴含着极为丰富的美学意蕴，我们为什么非要从西方趸来那些“洋名词”硬按在汉语文的头上，而将古色古香、意蕴丰厚的言和意弃之不用呢？丢掉了言和意，我们就丢掉了汉语文的知识体系和理论范式，丢掉了

① 朱光潜：《朱光潜美学文集》第二卷，上海文艺出版社，1982，第480页。

汉语文的思维方式和研究方法，当然也就不从汉语文独特的内在构成要素着手进行研究了。

言和意的矛盾是汉语文的内在基本矛盾。我们都知道，事物的基本矛盾是决定事物全局的关键，是决定事物本质和意义的关键。语文，纷纭复杂，浩瀚无边，如果不能认清和抓住其基本矛盾，必将陷入茫然之中。语文是有其内在矛盾和规律的，只是我们没有认清罢了。可悲而又可喜的是，我们没有认清，古人却早就认清了。《易传·系辞上》说："子曰：'书不尽言，言不尽意。'"这是说，文字不能完全表达语言，语言不能完全表达意义。这里提到的言与意的矛盾，强调了言语、话语、表达手段和方式总是有限的，外部大千世界和深幽的内心世界却是无限的。如何用有限来表现无限，既是哲学问题，又是艺术问题，同时也是人生问题。《庄子·秋水》中说："可以言论者，物之粗也；可以意致者，物之精也；言之所不能论，意之所不能察致者，不期精粗焉。"这是说，言只能表达物之粗，而意却能致物之精，故语言难以传达精微的义理，言不足以尽意。《天道》中说："语之所贵者意也，意有所随；意之所随者，不可言传也。"这是说，意与道相关，道是不可言传的，因此，言只能得之于表，这也涉及了言和意的矛盾，是很有价值的见解。魏晋时期，以欧阳建为代表的"言尽意论"和以王弼、嵇康等为代表的"言不尽意论"曾热烈讨论过言意关系问题，他们虽然观点截然不同，但都把言和意看作是一对矛盾体。不同的是，欧阳建的"言尽意论"肯定语言充分表达思想的功能，而没有看到语言还有不能完全表达思想的一面；而"言不尽意论"则看到了语言符号的相对性和局限性，注意到常常为人们所忽略的语言与其所表达的思想之间的差别、矛盾，从而把语言和思想的关系看成是一种动态的充满矛盾的关系。刘勰《文心雕龙·神思》说："意翻空而易奇，言征实而难巧"，强调了意凭借想象很容易奇巧，而言语却出于实在难以臻于巧妙，这强调了言和意的矛盾，十分精辟且可贵。类似的论述还有很多。总之，言和意是既对立又统一着的不可分离的矛盾结构体，言和意的内在联系和矛盾构成了汉语文内在的最基本的矛盾。

对语文这样界定，可以解决以下悬而未决的关键问题：1. 给语文学（语文学科）下了定义。查遍各种词典，令人惊讶的是，数学、物理学等都有定义，唯独语文没有定义。是语文太平常，不需要定义，还是语文太庞杂，难以定义？笔者实在不明白。可是不管怎样，也应该给个说法呀！而从言和意两方面观照语文，就很容易认识语文的性质，得出语文的定义了。语文是什么？语文就是探究言和意的内在关系以及生成的过程和规律的学科。2. 内在地规定了语文课程的基本特点。如果需要对语文的基本特点予以界定，那么语文课程的基本特点，不是工具性与人文性的统一，而是言和意的统一。这是对语文课程基本特点的准确揭示，是语文学习和生活实践中言语表达的理想境界。学习语文要通过听和读来"吸收"，"吸收"应做到言和意统一，否则语文课就上成了语法（章法）分析课或思想政治课；学习语文要通过说和写来学会"表现"，"表现"更要做到言和意的统一，否则就成了离题万里的胡说八道或痴人的呓语。3. 内在地规定了语文课程的内容，解决了长期以来语文课程内容理论虚空的问题。课程内容是一门课程之所以成为一门课程的根基，每门课程，如数学、物理学等，都有其独特的内容。那么，语文课程呢？过去的教学大纲和今天的课程标准都没有明确的规定。而“探究言和意的内在关系及其生成的过程和规律以形成和提高学生的言意表现素养”，就是对语文课程内容理论的明确规定。语文课程的内容，不只是言，也不只是意，而是探究言与意的内在关系，是探究言和意的生成过程和规律。“课程的本体在课程内容；课程改革的核心是课程内容的选择与重构。”长期以来，课堂教学出现了各种“泛语文”“非语文”和“反语文”的非理性倾向，就是由于语文课程内容“在理论上的毫无建树与实践上的全面落空和严重缺失”。[①] 我们的结论，或许能为解决这个课改中的关键问题，提供一个较为准确的方向。4. 内在地规定了语文学习的特点和方法。可能有人会担心，这样界定语文和语文课程内容，将导致教学中出现纯理性的、科学性的倾向。恰恰相反，这将使语文课程的语文性更加突出，语文味更加浓厚。语文是感性非常突出的学科，语文需要理性，但更多的是需要感性，即想象、意会、体验、感悟等。言和意的统一正好能够使感性因素得到发挥，因为言和意都来自人的生命，都具有强烈而鲜明的属人性质，都是人的生命的表现，都带有丰富的感性因素。尤其是意，蕴含着“意会、体验、感悟”的意思。千姿百态的言和难以言喻的意统一融合成为语文，再加上对“象”“意象”“意境”等范畴的意会、体验和感悟，使语文成为最形象、最生动、最感性、最美妙的学科。所以，这样规定不会导致科学性倾向的出现。5. 内在地规定了语文课程的目标和终极目的。语文课程之所以无比美妙，具有无限的魅力，原因就在于言和意的统一。统一意味着知识、能力、方法（属于言的范畴）和情感、态度、价值观（属于意的范畴）在动态的有机的整体发展过程中，是不能分离的，是天然地融为一体的。这就为语文课程的实践提供了有力的保障，为语文课程目标的实现和课程终极目标的达成提供了坚实的理论根据。言，体现了语文课程的外在属性，也是语文课程的外在意义，着眼于言语的形式和表现——学生听、说、读、写等知、能素养和智慧的形成和发展，目的是使学生成为“能说会写”的人。意，体现了语文的内在属性和内在意义，着眼于言语的内容和意义（目的）——学生情感、态度和价值观等情、意素养的形成和发展，目的是使学生学会“做人”——成为一个具有丰富和高尚心灵的人，一个大写的人。当然，二者同体共生，是一个不可分割的有机整体，绝不能偏于任何一方而单独进行，否则，求“言”不得“言”，求“意”不得“意”，只能造成语文的错位和失败，造成学生生命的残缺和人生的遗憾。

言和意在汉语文中处于谁都不可以替代的核心地位，从课程的性质，到课程的目标，到课程的内容，到课程学习的方法，再到课程的终极目的，全都离不开言和意。汉语文就是“以意为主”，又“从言出发”，其高妙之处正在于“言意之间”。它要求运用者斟酌于言意之际，徜徉于言意之间。言意二者互观共照，相辅相成，彼此融合，以达到亦言亦意、非言非意、言意同构共生的美妙境界。语文的核心内容就在于言和意的内在关系及

① 李海林：《语文课程改革的进展、问题及前瞻》，《语文建设》2006 年第 3 期。

在追求两者统一中的相互促进和新的言意生命的生成。“统一”意味着：知识不断被唤醒，能力不断被激活，方法不断被更新，情感不断被加深，态度不断被端正，价值观不断被确立，灵感不断被催发，智慧的火把不断被点燃，新的感悟、智慧和深邃的思想不断被汲取，新的“意义”和“世界”不断被发现，奇迹不断被创造，生命精神不断被高扬，心灵世界不断被净化，完美人格不断成长。“言和意的统一”具有丰富的精神的、文化的、生活的、生命的内涵。它会形成一种力，一种言语的力、意念的力、生命的力，一种个性的彰显，灵性的飞扬，崭新生命的成长。如果真的能够做到言和意的统一，那么，语文就真正能够成为学生成长的精神家园，“语文教育，就是‘语言人’和‘言语人’的教育，也可以说是使人更像人的教育”①就变成了令人愉悦的现实，“不是人说话，而是话说人”就能够成为现代的神话，那么，语文课程的终极目标和理想境界也就实现了。

以上这些结论，不是凭空臆造的，不是引用外来概念嫁接的，而是从语文—语文学科—语文课程内涵的言、意理论推衍中自然而然地、水到渠成地得出的，是基于语文课程本体的推论，符合基本的逻辑规律的，是严密而准确的。反观工具性和人文性，它们能得出这些结论吗？它们无论怎么阐释和推论，都难以得出这些结论。不仅得不出这些结论，反而给语文课程的实践带来了麻烦。多年来的课程实践已经证明，工具性和人文性这两个外来者是不适应中国语文的，中国语文应该具有自己独特的话语体系——即以言和意这两个基本范畴为核心的汉语文话语体系。

言和意的内在关系揭示了语文的基本性质。有了上面的引述，我们就可以作如下的推论了：既然言和意是汉语文的内在构成要素，既然言和意的矛盾是汉语文的内在基本矛盾，既然言和意的内在联系、转换和统一是汉语文的根本，那么，探究言和意的表现性、它们的内在联系，使言和意尽可能地适切和统一；探寻言和意生成的过程和规律，使个体生命精神的表征更准确、畅达、完美和动人，就是语文教育不可推卸的责任，也就构成了语文的表现性——语文最根本、最独特的属性。所以，所谓语文，就是探究言和意的内在关系以及生成过程和规律的学科。抓住言与意的吸收和表达、转换和统一，就能够实现语文教育的最佳效果。这就是语文的本质、本体和本色，就是语文教学的纠结点、关键点和着力点，同时也是语文教学的独特魅力——诗意之所在。

三、语文教学的实然状态和应然状态

从儿童生理学的角度来看，家园意识是人与生俱来的，只不过，这种与生俱来的家园意识在婴儿时期是潜在的，到幼儿时期就逐渐被唤醒。语文教育的重要旨归是守护母语精神的家园，因此小学语文教育显得至关重要。小学语文的实然状态是什么样的呢？

---

① 潘新和：《语文：表现与存在》，福建人民出版社，2004，第 60—61 页。

第一轮的课程改革已经在教学方法、教学关系等方面进行了匡正，语文教学状况已经得到了有效的改善，但是由于语文教师的语文意识定位不够准确，加上部分教师难以摒弃课堂教学陋习，语文教学依然存在很多值得我们深思和反省的问题。我们当下的语文教学，太过注重字词的考订、章句的拆解、知识的传授和思想的灌输，一篇文章只能作几个段落的划分，一首诗歌只能有一个确切的主题，一个词语只能有一种正确的解释……课堂中，教师更多地关注知识的传承，过分地讲究经验的逻辑组织，热衷于文化表层的符号、技艺、形式的精致和完善。字、词、句、篇章结构的传授固然是必要的，但这不是语文教学的全部，更不是语文教育最终目标，甚至不是语文教育最终目标的基础。多年来，强调语文的基础工具性自有合理之处，但是对于语文教学来说，如果只是停留在基础上就地盘桓，忘记文字背后更本质的东西，那么我们的语文教学显然是不合格的。“在那些具体的、固定的字词句章之外，还有一些无定形的、形而上的东西，对于语文来说即那些属于氛围、情调、格调、气韵、神采一类的因素，那些属于性灵和精神的因素。”①

语文教育的应然状态是怎样的呢？语文教育的神圣使命是帮助儿童通过母语学习建立起无论是知识的、能力的，还是情感的、道德的、审美的、哲学的、诗意的人格坐标，获得民族的价值关怀、信仰和认同。《语文课程标准》这样表述：“语文课程丰富的人文内涵对学生精神领域的影响是深广的。”“应该重视语文的熏陶感染作用，注意教学内容的价值取向。”“在语文学习过程中，培养爱国主义感情、社会主义道德品质，逐步形成积极的人生态度和正确的价值观，提高文化品位和审美情趣。”“认识中华文化的丰厚博大，吸收民族文化的智慧。关心当代文化生活，尊重多样文化，吸取人类优秀文化的营养。”“在发展语言能力的同时，发展思维能力，激发想象力和创造潜能。”然而面对当下经过了一轮课程改革洗礼后的语文课堂，朱永新先生这样说：“一个中国孩子学习 12 年，在精神记忆中，全然没有留下中华文化的东西。这是中国教师的严重失职。要重新捡回语言的文化尊严。”“语文教育应该让儿童大量阅读，人类几千年的文化遗产积累到今天，那些经过大浪淘沙积淀下来的都是最精彩最丰富的东西，作为后代，如果不去进行这种对话，那么社会就会停滞。”“应该给儿童一生有用的东西，让儿童过一种幸福而完整的生活。”

当第一轮课程改革对一直以来语文教学偏重工具性的弊端进行匡正的时候，当很多一线教师知道了语文传达出的母语文化是多么有必要传承给孩子的时候，跷跷板又偏向了另外一头。不知道从什么时候起，人们理所当然忽视字词教育，以为重视了小学语文字词教学，课堂教学就不“人文”了，就不够有美感了，就没有情趣了。之所以产生这样的想法，皆是因为一线教师对教学方式没有足够的把握，甚至是采取了错误的教学方式。专家看到了这一点，一线教师中善于反思者也看到了这一点，实践中出现一些偏

① 鲁枢元：《文学教育是性灵教育》，《文学教育》2006 年第 21 期。

差是正常的，重要且庆幸的是我们知道了要在前进的道路上不断修正方向。这一次重新修订的《义务教育语文课程标准》强调加强字词教学是小学语文教学的重要任务之一。加强字词教学，不是要每一个字都“四会”（会认、会写、会讲、会用），而是要“识写分流”；不是要背词语解释，而是强调积累与应用，品味与感悟，要在生活、阅读中学习。加强字词教学，就是强调在语文学习的启蒙阶段，不要在语法上花太多工夫，不要在文章分析上花太多工夫。教育部基础教育课程改革专家组专家、语文课程标准研制组核心成员陆志平老师，在谈到这个话题时，举了一个很好的例子。他说：

“我们有许多非常好的课文，里面有非常精彩的语言。比如《只拣儿童多处行》中的语言就特别好。特别是一个‘旺’字。‘旺’的背后其实包含了很多意思。并不是要去咬文嚼字，去深挖，但为什么不用开得‘多’，开得‘好’呢？前文说小朋友多，挤来挤去，匆匆来，匆匆去，海棠开得密密层层，从树枝开到树梢不留一点空隙，这些诶，就是旺。更精彩的是‘春光，竟会这样地饱满……释放出来’，这就是旺，花是旺的，小朋友是旺的，春天也是旺的，它要说的就是春天的这个精神，所以用了这个标题，儿童的身上充满了活力。”

这课的教学不是像分析教材那样去讲这个“旺”，而应该是让小朋友自己去体会。可有的老师不是这样，他们会问：小朋友，这篇文章有几节啊，哪一节写的是什么啊，哪里表现了春天的景色，哪里表现了小朋友的什么啊……不是从生动的语言和文本内在的精神出发，不是从学生学习的兴趣和接受心理出发，因此，学生觉得没劲，没有兴趣。

语文教学要给孩子什么，我们大体都明白，以上的这些阐述我们大都也能理解。然而，我们的学生真的能走进母语内部去获得这种种本该属于他们的文化馈赠吗？也许现在不是我们讨论语文到底该起什么作用的时候，而是到了面对语文，我们该怎样做的时候。

文学评论家汪政先生是一个从教育走出来的作家，他同时是一个热爱母语并有着语文教育情怀的语文人。2011 年他在江苏省特级教师培训班上谈到了“什么是理想的语文教学”。他特别强调了“以人为本”“生态主义”“低碳”这几个概念。他认为做到这些，就具有了质朴的、符合汉语本性的教学态度以及在此态度指导下的教学方法。

以人为本。指将学生视为拥有自己的语文生活与自主语言学习能力的能主动学习从而获得后天语言发展的人，教学要围绕学生的能力开发情况与语文生活的幸福度来设计，让学生享受语文，发现自己的语文能力，要将提高或保证学生一生的语文生活质量纳入语文教育的目标之中。什么是高质量的语文生活？如何衡量一个人语文生活的幸福度？比如能否从阅读中得到快乐，是否能够迅速、准确地接受与表达，表达是否富于感染力与征服力，是否有阅读、聆听、思考与表达的欲望，是否在语文生活中得到快乐与自我实现，在语文活动特别是创造性语文活动中是否体验到如马斯洛所说的那种“高峰体验”，等等，要义是自由、成功与快乐。注意将民主意识引入教学，在语文教学这一场境中，老师与学生是平等的。

生态主义与低碳。要尽量减少语文教学的投入，降低语文教学的成本，提高语文教学的效率。提倡语文教学回归自然，将语文教学视为一个语文主体自我成长的过程，必须让他回到生活之中，保持语文的源头活水。在教学活动中尽量利用生活本身的语文元素，谨慎地使用缺少必然性的材料与手段。特别要关注语文教学中的生态主义思想，它对一切工具主义与唯发展论持怀疑的态度。它不但提醒我们尊重语文生活的原生态，将语文生活看成一个有机体，更要求我们对在创新追逼下层出不穷的方法保持警惕，且应追求所有语文要素和谐共处的语文生态。

符合汉语本性。任何一个语文工作者都要懂母语，对我们来说也就是懂汉语。语文教师要在这方面下大功夫，最好使自己成为一个或半个语言学家。不懂汉语而去教汉语是很奇怪的。残酷地说，许多人其实不适合教语文。这与他是否敬业、是否勤奋无关，而是说他不懂得汉语，在语言上又没有感觉，语言在他那里仅仅是个工具，这不行。许多人热衷于美化教学，实际上是在掩盖他语文上的贫乏，是转移别人的注意力。语言不仅是工具，它还具有本体性。汉语本质上是一种诗性的语言，必须以诗的方式去对待它，涵泳、意会、体悟。不能指望一堂课就解决教学问题，语文的习得与自我发现、自我提升是一个漫长的渐变的过程，要让学生自己慢慢地悟。我们现在已经将传统的语文教学抛弃得差不多了，其实传统的语文教学有许多经验值得借鉴，传统教学出了那么多大师、硕儒，自有它的道理。

合乎汉语本性，就是要以文本为中心，不能用所指替代能指，不能轻易将抽象的文字具体化、形象化。特别是中高年级教学，要让学生在文字本身的迁移、衍生、积累与想象中理解、感悟和创造，语文课就是要上成语文课，对此要坚定不移。繁复的设计，过多的非语文性活动，教学场景的频繁转换，都不利于学生对文本的关注，对文字作品的品味，不利于文字的内化。要给学生预留时间与空间，这样的时间与空间是由文字引发的无声、无言与无字的静默，是一种空白。此时无声胜有声，是有意味的空白。

儿童习得语文，是其文化性丰盈、自由的言语生命之旅。

第三节　关于情境

一、以杜威为代表的西方情境学习中的“情境”

杜威作为20世纪进步教育的代表人物和伟大的教育家，其教育思想几乎涵盖了教育领域的方方面面。他的著作有很多地方论及教育情境，他的“做中学”和“思维五步法”也包含了情境教育的思想。

杜威在教学论方面的主要思想是“做中学”，即要从儿童的实际生活出发，提出能够引起儿童主动关注的问题，在解决问题的过程中学习知识。杜威认为，“学校中过分重视学生积累和获得知识资料，以便在课堂问答和考试时照搬”，“知识常被视为目的本身，于是，学生的目标就是堆积知识，需要时炫耀一番”。[①] 但是学生对在课堂上所学的抽象的、遥远的、冰冷的知识没有好感，也没有真正理解这些知识所包含的意义。学习材料脱离儿童的生活情境，使学校变成束缚儿童思维的地方。“做中学”就是要用儿童在现实生活中学习知识的方式学习。儿童虽然缺乏知识，但是他们在自己的生活中经常会遇到疑难问题，这时候他们就像科学家一样，高度关注面临的问题，调动一切积极性，努力解决问题。在这个过程中，儿童增加了经验，理解了意义，获得了知识。像杜威的芝加哥实验学校，里面有很多手工劳作器具，目的就是让学生能够在与日常生活经验相类似的情境中学习。在熟悉的环境里学习所学习的东西就能理解意义，而现在那些程式化的分门别类的课程，远离实际的生活经验，只是一些知识的灌输，缺乏意义的理解。这里所谓的意义，并非指学科课程中知识本身的意义，而是指知识与儿童现实生活的活生生的联系，儿童自身对学习目的的理解和原发的兴趣。

因此杜威所谓的“做中学”，也可以视作一种情境教育的方式。“做中学”经常被人们误解成一种肤浅的忽视抽象思维和学科知识的学习方式，儿童只是在做一些与心智训练毫不相关的手工劳动。但“做中学”的真正含义显然不在于此。如果无法使一个人的心智从具体向抽象过渡，那样的教育显然是失败的。但是如果教育仅仅是一味地灌输给学生一些遥远的、冰冷的和抽象的知识，并使学生逐渐厌倦学校和学习，那样的教育同样是失败的。杜威的“做中学”，首先限定在学习的开始阶段。这个时期的学生还不具备较好的抽象思维。他们在进入小学之前的学习方式主要是游戏和模仿，并且从来都是在自己熟悉的环境中学习与自己的日常经验紧密联系的知识。在这样一个转型期里，如果忽然从游戏和主动学习的环境转入被动地压抑地学习抽象知识的学校中，显然是不合理的。一方面是考虑到学生的心理发展；一方面是考虑到学生的已有经验，他们习惯于在一个熟悉的情境中游戏和学习。注意到两方面的内容，我们就会意识到，现在学校的教学方式，至少在小学低年级阶段，是不合理的。情境教育却可以弥补转型期的教学方式。当然，在学生以后的学习中，情境教育仍然可以作为教学和学习的方式存在。

在“做中学”的基础上，杜威设计了一种教学法，即“思维五步法”：1. 安排真实的情境；2. 在情境中要有刺激思维的课题；3. 要有可以利用的资料，并作出解决问题的假设；4. 在活动中验证假设；5. 根据验证的结果得出结论。这种教学方式体现了创设良好教育情境的重要性。良好的教育情境是学生学习的开端和背景，也是学生持续学习的动力。

既然杜威把创设一个良好的情境视作教学和学习的开端之举，那么他认为教育情境应该有怎样的特点呢？我们可以从他的著作中找到答案。

---

① 杜威：《民主主义与教育》，王承绪译，人民教育出版社，2001，第 176—177 页。

杜威认为情境应与儿童的日常生活相联系,“要懂得经验或经验的情境的意义,我们必须想到校外出现的情境,想到日常生活中使人对活动感兴趣和从事活动的那些作业。细心检查一下正规教育中永远成功的教学方法,无论是算术、阅读、地理、物理或外国语的教学,都将会表明这种教学方法所以有效,全靠它们返回到校外日常生活中引起学生思维的情境。它们给学生一些事情去做,不是给他们一些东西去学;而做事又是属于这样的性质,要求进行思维或者有意识地注意事物的联系,结果他们自然地学到了东西”①。

因此杜威对教育情境的第一个要求是与儿童日常生活相似。如果创设的情境脱离儿童过去的经验,不在儿童可以认识到的范围内,就无法激起儿童学习和探究的欲望。儿童没有从内心主动地融入情境,无法理解呈现给他们的问题的意义,只能在外界的压力和强制下从事遥远而抽象的作业时,他们天生的好奇心没有被唤起,这时他们的学习是被动的,后果显而易见。杜威也列举了蒙台梭利教育法作为反例。教育者们往往不想太“浪费”时间,直接让学生掌握一些既有的成果,比如在儿童还不能够熟练运用经验材料时,就想把他们直接引导到表现成人理智成就的材料上去。但是任何一个学习者,不管是成年人还是儿童,在碰到陌生的材料时,都会有一个尝试错误的阶段。在杜威的芝加哥实验学校里,所有的课程都是以社会性作业的形式进行设置的,因为“人类智慧是伴同行动的需要和机遇而得到发展的,学校活动的核心,就应该到作业中去寻求,而不是到传统的所谓学科中间去寻求”②。所谓社会性作业,就是一种情境化的问题解决活动。

杜威还认为,情境应能激起儿童的思维。“情境应该具有引起思维的性质,当然就是说它应该提出一件既非常规、又非任意的事去做。换言之,做一件全新的(因而也是不确定的或有问题的)事情,它和现有的习惯有足够联系,足以引起有效的反应。一个有效的反应就是能完成一个可以看到的结果的反应。这种活动不同于纯粹偶然的活动,把活动结果和所做的事在思想上联系起来。因此,有关提出来引起学习的任何情境或经验的最重要的问题,就是这个情境或经验所包含的问题属于什么性质。”③

一个设计良好的情境应该包含能够引起儿童进行思维的问题。因为在进入学校学习之前,儿童在自己的日常生活中也一直在学习各种经验,但那时的生活情境跟学校中的教育情境显然是不同的。生活情境中的问题是偶然的,没有为一个特定的方向而设定,而学校中的教育情境是经过有意识的设计的,其中包含的问题是朝着学生发展的方向,能够让学生有意识地去学习的。这个问题不是教师的问题,也不是书本上原封不动

① 杜威:《民主主义与教育》,王承绪译,人民教育出版社,2001,第169页。

② 凯瑟琳·坎普·梅休、安娜·坎普·爱德华:《杜威学校》,王承绪、赵祥麟、顾岳中等译,华东师范大学出版社,1991,第3页。

③ 杜威:《民主主义与教育》,王承绪译,人民教育出版社,2001,第169页。

的问题，而是应该可以让儿童联系自己已有经验，在激发自身内在动机的状态下，通过努力来解决的问题。问题不是孤零零地存在的，而是可以引发儿童思考和尝试的，因此问题来自情境，来自儿童本身。这是教育情境所包含问题的性质。同时，儿童解决问题的过程也不是偶然的试误。他在情境中识别问题，提出假设，然后做进一步的验证，得出结果。他对自己的整个行为和目的有清楚的了解，并能够在适当的时候有意识地调整自己的活动进程和行为。因此，在一个设计良好的教育情境中，儿童的学习是自发的，有意识的，他的思维是积极主动的，而不是被外在的力量所左右，看不到自己行为的结果，也不了解自己行为的意义。

杜威的情境教育解决的就是，如何衔接儿童在进入学校以前在自己日常生活中学习到的经验知识和在学校中学习到的抽象教材知识。不可否认，我们小学阶段的教育所使用的教材以及教学方式，与儿童在校外的日常经验和学习方式有较大的差距。而情境教育也不仅仅就是为学习课本上抽象的知识而创设一个外在的环境。他告诉我们，我们要创设儿童自己的情境。即创设的情境不是从教育者的主观愿望出发，强加给儿童的成人化情境，而是要和儿童的经验相联系，要让儿童能够熟悉情境，融入情境，理解情境，在属于自己认识范围的情境中探索学习。所以教育者需要熟悉和了解儿童的已有经验，一可以防止教育者主观臆断的设计方案，避免情境教育流于形式，成为教育者的独角戏，二可以理解儿童，加强与儿童的交流。因此，设计的教育情境不能脱离儿童的日常生活经验，这是杜威一直强调的。创设的情境应该为儿童的学习服务，而不是为教育者的目的服务。教育者往往有向儿童灌输课本知识的倾向，易于从成人的思维出发，希望儿童尽快学会体现成人理智成就的知识。可是儿童的学习和发展自有它的逻辑。有时候即使精心设计了一个情境，情境中的问题却不能引起儿童的关心和注意。如我们现在做的一些综合实践活动，课题的选定和材料的收集都是由教育者来确定，体现的往往是成人的视角，儿童参与度不够，对问题也不够熟悉，好奇心和投入程度都会大打折扣。

二、中国古代文论中的“意境”

我国古代意境理论的形成和发展，有相当复杂的过程。按中国古代文学理论发展的轨迹，可以把意境的形成和发展分为以下三个大的时期：一、先秦至魏晋南北朝为意境的孕育期；二、唐宋时期为意境的提出和形成期；三、明代至近代为意境的深入发展期。先秦至魏晋南北朝时，美学范畴的意境理论还未出现，但已开始孕育。诗由于意和境的融合可以形成一种完整的境界，所以意境也称为境界。境界一词伴随佛经传播到文学艺术领域里。如《杂譬喻经》：“神足威灵，振动境界”；《华严经·梵行品》：“了知境界，如幻如梦”；《无量寿经》：“斯义宏深，非我境界”。这里所说的境界，是抽象的思想意识和空幻，这和佛教根本不承认客观现实存在的唯心主义是一致的。但是佛教对中国古代文学创作和美学思想的影响是多方面的。如《法苑珠林·摄念篇》中所谓六种根境界,就包括了"意境界",境与智在文学方面就变为意与境。萧统在《解二谛义令旨》中说:"能知是智,所知是境,智来冥境,得言即真。"佛经所说的智境,实起了促成文学上意境说的作用。所以说,境界或意境这个词移用到文学创作和美学思想中,与佛经的传播及信奉佛教或受佛学影响的人是大有关系的。

当然,在当时,文学批评和美学范畴还未提出"意境"这个概念,但是,在《诗经》创作中已经出现了意境。王国维论意境,提到了《诗经》中的诗篇,如:"《诗·蒹葭》一篇,最得风人深致。"明清艺术家们论意境,提到《诗经》和此期的创作的有很多。这就说明意境并非人们的主观臆测,而是艺术本身所固有的审美特征,只是当时还没有得到自觉的认识。这个时期在美学思想中所出现的形神论、言意论、诗味说等等,都和意境理论有着某种深厚的联系,特别是诗味说。以"味"论诗,在魏晋南北朝时期就已经相当盛行。陆机在《文赋》中说:"阙大羹之遗味。"以肉汁的鲜美余味来比喻诗文的艺术感染力。刘勰的《文心雕龙》,则多次以"味"论诗,刘勰所说的"味",与艺术的善于状物、情感真切、有言外之意等都有密切的关系。钟嵘的《诗品》更是强调诗歌要有滋味。魏晋南北朝时期以"味"论诗的主张,孕育了后来出现的意境理论。

中国诗歌的创作,意境合一,早已形成。意境说的正式提出是在唐朝。意境这一概念最早见于王昌龄的《诗格》。他的诗歌有三境说,一为物境,从心与物的关系来说,主要表现自然景物,得其形似,以写物见长;二为情境,从心与物的关系来说,主要表现喜怒哀乐怨等情感,得其情,以写情取胜;三为意境,强调审美主体的联系和想象。皎然的《诗式》也探讨了意境理论的某些方面,他认为境拨动人们的审美情感,唤起不尽的诗思及主体情境在对物象审美中的作用。同时,关于诗境的创造,他也有论述。他提出了"取境"一说。所谓"取境",就是选择、提炼诗境。取境的方式,一是从生活出发,先取境美,融入情思。二是先积精思,意静神王,触景而发。对如何创造意境,皎然强调,首先要站得高,看得远;其次要善于运用比兴的手法。两种取境方式都要求意境浑圆,自然流丽。如陶渊明以孤云比贫士,鲍照以直比朱弦,以清比冰壶。这里的"比"和单纯取象作比喻是不同的,它意属于意境的范畴,意是融情入境,构成了完整的人与物相统一的艺术意境,因而显示出象外之奇,韵外之旨和言外之情。

中唐刘禹锡的诗论开始提到意境,刘禹锡在《董氏武陵集纪》中说:"诗者,其文章之蕴耶?义得而言丧,故微而难能。境生于象外,故精而寡和。"这段话可以说是对意境说的创始。刘禹锡论意境进一步发展了王维关于"皆出常境"的论调。晚唐司空图的诗论也近于意境说。司空图的《二十四诗品》实际讲的都是各种境界,也就是如何创作出"雄浑""高古"等境界,其意在摹神取象。如"月出东斗,好风相从,太华夜碧,人闻清钟",就呈现了高古境界。"玉壶买春,赏雨茅屋,坐中佳士,左右修竹",就呈现了典雅境界。除了《二十四诗品》中"实境"一品外,其他品都是讲象外之境的。"实境"一品实际上是对"思与境偕"这一主张的具体发挥。要求诗人必须从实境出发,做到景实、情实、理实。融情于景,不着痕迹,情景交融,自然而然。而从实境出发,又不可拘泥于实,呈现实象,所谓泠然希音，就是虽实而出虚，有余音袅袅之致。从各种美学范畴发展的关系来看，唐代的形神理论、虚实理论和言意理论都有相当的发展，这一时期，强调艺术作品以形传神、以实出虚、意在言外等思想较为流行，这些对意境论的形成产生了重要的影响。从唐人的诗论中，我们可以看到这些范畴和意境理论往往交织在一起，它们相互区别又相互联系，从不同层次上规范着艺术的审美特征。

宋代关于“意境”的理论论述大都延续了唐代，少有突破，其中贡献最大的是苏轼。在苏轼看来，“细思乃不然”，“静故了群动，空故纳万境”，就是说虚静和空无更有助于意境的创造。苏轼还继承了司空图关于“思与境偕”的思想，认为陶渊明的“采菊东篱下，悠然见南山”，是“采菊之次，偶见南山，境与意会”。释普闻的《诗论》强调意出于境，意与境合。严羽强调意境创造要出自诗人的兴发感动，唯有诗人发自内心情趣的感受，才可能写出“羚羊挂角，无迹可求”的有生命力的诗篇，意境的特点在于空灵蕴藉。

明代至近代是意境理论的深入发展时期，意境理论在诸多艺术门类中得到广泛运用，人们对意境理论的审美特征有了更深刻更全面的认识。意境这个范畴，最初是从抒情诗的创作实践中总结出来的，唐宋人论意境多是从诗歌的创作出发，所谈的也大多是诗歌运用意境的经验。明清以后，由于诗画相互影响，绘画中讲意境的多起来了。方薰论画，以“诗文书画相为表里”为宗旨，他对意境的理论多有阐述。汤显祖和孔尚任在戏剧创作方面也对境界有阐述，即情节中的诸多场面，要迂回婉转，起伏转折，节奏鲜明，出乎意料又在情理之中。明清时期对诗词中意境的研究，内容更是丰富。以主格调、讲法度、“文必秦汉，诗必盛唐”为宗旨的王世贞，深切向往汉魏和盛唐作品中的境界，并以为这才是最高的艺术标准。他说：“思即才之用，调即思之境，格即调之界。”王世贞在《艺苑卮言》中，把境分为“妙境”“实境”“佳境”“化境”。

清末况周颐论词“无词境，即无词心”。他把意境作为一个重要的审美标准，强调情景交融。清末至近代，王国维对意境理论的特性及意义作了全面的论述，他继承和发展了我国古代诗歌理论的意境说。《人间词话》是我国近代第一部启蒙性的美学著作。《人间词话》的基本思想就是阐述境界这个美学范畴。王国维不仅把境界看作是创作的原则，也把它看作是艺术批评标准，凡讨论诗的演变，评价作家作品的得失高低，无不从境界出发。王国维说：“境界有二，有诗人之境界，有常人之境界。”“觉诗人之言，字字为我心中所欲言，而又非我之所能自言。”这里实际上是涉及了生活美和艺术美的关系问题。“词以境界为最上，有境界则自成高格。”表明意境是诗人世界观、感慨、品格审美感所化成的，而不仅仅是表象。《人间词话》又把意境分为“有我之境”和“无我之境”。《人间词话》还提出了怎样进行境界创造的看法，“入乎其内”与“出乎其外”。“入乎其内”，故能写之，有生气。“出乎其外”，故能观之，有高致。王国维还讲到“隔”与“不隔”的问题。也就是用字与体现意境的关系。“不隔”指的是情与景俱真，反之就是“隔”。王国维意境说中的许多看法和细致的分析以及他所构筑的体系，很有独创性，一直受到人们的重视。

三、李吉林情境教育学派中的“情境”

李吉林对“情境”的理解是独到的，这里是特指小学教育中的情境。她在广泛吸收中外许多学说成果的基础上，融会贯通，自成一家。她接受了意境说的理论滋养，讲究“情景交融”，注重“真、美、情、思”。儿童在丰富的、富于美感的情境中，情感伴随学习活动，有效开发了潜在智能，精神世界得以丰富。这正是西方“情境认知”研究领域的空白所在。李吉林还试图从马克思主义哲学的高度来揭示和概括“情境”的本质。她常把“情境”称为“人为优化的情境”“师生共同建构的情境”，并一再强调情境教育就是依据马克思关于“人在活动与环境相互作用和谐统一中获得全面发展”的哲学原理构建的。由此建立起来的情境教育学说体系，大多发前人所未发，在传统的教育学、课程论、教学论教科书里都难得一见。

情境教育课程的实施，基于优化的学习情境。在学习过程中，如果学习者得到的是一个适当的境脉，而不只是一个提议或者一条信息，那么对知识的拥有就会变得容易；实际上，在某些条件下，这个过程会因为某个“教学环境”而变得简单或加速进行。这种教学环境实际就是指教师或教育境脉所提供的、由起促进作用的多个参数构成的系统，在功能上就是李吉林所说的“优化的学习情境”。李吉林优化情境的特点被概括为“形真”“情切”“意远”“理寓其中”。但是这些特点或功能的表现绝不是单一的、独立的，在教学过程中，这些功能的运作是系统性的、整体性的、协同性的。

李吉林老师的“情境”首先把学科课程与学生的生活建立了有机的连接。她利用儿童的先验，并从儿童已有的概念出发，使之成为新学习的工具，让他们动手操作，展开思考，引发儿童认识自己已有概念的不足，从而使其自愿转变概念和发展认知结构。但她绝不仅仅是停留在这个层面，更重要的是，“情境”让儿童超越已有经验。强调知识的获得与儿童的经验相联系，但并不停留在仅仅让儿童对可亲身经历的事物和场景的接触，而是引发他们对现象深入观察和学会抽象思维，从而提升对经验的认识。

儿童的自主学习需要得到优化的情境持续给予的营养，这种情境不仅仅是儿童可及的，更应该是高尚的，具有审美和励志价值的。李吉林的主体性大单元情境课程设计，通常在儿童熟悉的生活情境中融入国家或地区在科技、经济、工业、农业等各个方面的热点话题或事件，同时也有意识地引入有争议的话题，作为新学习的导入或课程进展中的探讨环节，从而有效地使学生的参与度维持在一个较高的水平。

李吉林的“情境”追求对儿童理解力的培养。她强调“理寓其中”，这是对发展儿童理解力的追求，与近年来国际教育强调“促进理解的学习”这一重要价值取向不谋而合。在后来的研究中，她更察觉到思维能力与创新精神的培养对于儿童终身全面发展的巨大价值，而提出了“以思为核心”的操作要义。儿童接受知识信息，并不意味着能够理解。理解关涉的是一种处于慎思的行动中的知识。强调“理寓其中”的李吉林情境课程通过创设一种极富东方文化特色的情境（强调情感、审美、想象）来支持儿童进行理解性学习，鼓励儿童深刻理解文本内涵、科学概念、价值观、审美观，这种理解性的行动进而又促进了学习者更深入地参与，更积极地运用和迁移知识，更好地持续下去。

四、语文课堂“审美入境”中的“境”

“美育之父”席勒在他著名的《审美教育书简》一书中这样论述：“只有通过美，人才能到达自由。”黑格尔说：“审美带有令人解放的性质。”我国著名美学家高尔泰认为：“美是自由的象征。”毋庸置疑，美育的最高境界和终极愿景正是育就人的自由人性，即摆脱功利，用审美的心境来观照世界和人生，达到对自然必然性和社会必然性的超越，在建设自己和他人的美好生活之时，“按照美的规律来建造”(马克思)。这样的人，不仅智性的发育、德性的养成从知识教育和道德教育中获取营养，而且其灵性的培植也从审美教育中汲取了阳光雨露；这样的人，一方面能享受生活，一方面能创造生活。一个人的创造力、创新精神取决于其灵性是否生长，而灵性的生长，毫无疑问要依靠美育的功效。“审美入境”即用审美的方式带领儿童入言语之境和言说之境。言语之境指向对文本中“境”的理解，这与古代文论中“意境”“情境”是一脉相承的。言说之境则指向儿童的自由言说，指向儿童学习愤悱状态，即指向儿童学习场境。

李吉林的情境教育顺应儿童天性，突出“真、美、情、思”四大元素，以“儿童—知识—社会”三个维度作为内核，构筑了具有独特优势的课程范式。情境教育还从脑科学最新成果中找到理论支撑，即：儿童的脑是敏感的，需要一个丰富的环境；儿童的脑具有极大的可塑性，需要不断提高神经元联结的频率；儿童的脑优先接受情绪性信号，伴随积极情感的学习活动更加高效。情境教育是“入境”的重要理论依据。从知识论角度看，文本具有情境性，知识建构在情境中。任何知识要具有生命力，都必须存在于一定的生活环境、问题情境或思想意境中，离开特定的“境”，知识就是死的，这是知识论的基本原理。再从语文学科特点角度看，一般来说，教材的选文都是文质兼美的，都是作者真切深刻内心体验的语言表达，正如王国维所说，是“由性情渗透的境界”。既然缀文者“情动而辞发”，那么习文者理应“披文以入情”，教文者就要“融情以设境”，学生才能“入境始与亲”。

教学中，应引导学生进入特定情境，使其在与情境的相互作用过程中学会学习。相对其他学科，“境”对语文学习更重要：我们在学习过程中必须通过多种方法尽可能进入作者所描述的那个特定情境，可运用艺术的直观表现与语言描绘相结合的路径，再现作者创作时进入的那个情境，研学构造这一情境的语言，通过这一情境所表现出来的哲理、意蕴、美感，动情共鸣，体验感悟，创造拓展，从而产生情趣、美趣和谐趣的综合效应，做到以美感人，以情动人，以智启人，进而把学生带到文本的意境中。此为“审美入境”教学目标之一。其二，学生处于学习最佳状态时，必定沉浸于学习的场域之中，这个场域亦为“境”，入境越深，意味着学生沉浸于学习场域越深，学习状态最佳，学习后效越明显，持续时间越长。当学生处于学习的自由状态时，审美也就发生；当然，如果我们以审美的方式带孩子入文本之境，入学习之境，自由也就产生，智慧就在这种审美自由的状态中蓬勃生长。

儿童对情境是有隔膜的，儿童本身对审美入境来说是顺畅的，但是语文学习中的文化意境符号化了，要把符号性文化还原成生活型情境性文化，需要教师做审美还原的工作(符号还原为生活)。更何况我们的语文教学因为教育的功利性考量(往往表现为社会性指令，如为应试的教育，又如为应世的教育)，给儿童带来了某种功利性压迫。如何引领儿童入境，如何带他们走进这个审美的通道，是语文教学的生命所在，儿童学习奥秘的话题不止，“审美入境”的价值就一直存在。“入境始与亲”，“遵路识斯真”。路是什么呢？是工具性的引领和人文性的濡染。教师的工具性引领激发儿童的语文审美愿望，而教师的人文性引领使语文审美达到理想状态。“入境”使儿童的言语学习进入审美境界，是他们走向自由言语生命之旅的一段难忘历程，弥足珍贵，意义非凡。

第四节 关于审美

一、再悟“美是自由的象征”

要问“美”是什么，首先得注意“美”这个词的含义是什么。“美”这个词首先可作词(字)源学的探究。《说文解字》上说“羊大则美”，认为羊长得很肥大就是“美”。这说明，美与感性的存在，与满足人的感性需要和享受有直接关系。以李泽厚先生为首的美学家们则认为“羊人为美”。从原始艺术、图腾舞蹈的材料看，人带着羊头跳舞才是“美”字的起源，“美”字与“舞”字最早是同一个字。这又说明“美”与原始的巫术礼仪活动有关，具有某种社会含义。如果把“羊大则美”和“羊人为美”结合起来，就可看出：一方面，“美”是物质的感性存在，与人的感性需要、享受、感官直接相关；另一方面，“美”又有社会的意义和内容，与人的群体性和理性相连。而这两种对“美”字来源的解释有个共同点，即都说明美的存在离不开人的存在、人的活动(自然性活动和社会性活动)，即人的实践。

在古代，美和善经常是一个意思。《论语》讲“里仁为美”，又讲子张问：“何谓五美？”孔子回答说：“君子惠而不费，劳而不怨，欲而不贪，泰而不骄，威而不猛。”这里的“美”讲的都是“善”。在古希腊，美、善也是一个字。

上面是从词源学角度来说的。那么“美”在今天的日常语言中，又是什么意思呢？它一般又用在什么地方呢？第一种：它表示感官愉快的强形式。第二种：它是伦理判断的弱形式。把本来属于伦理学范围的高尚行为，作为一种观赏、赞叹的对象时，常用“美”这个字以传达情感态度和赞同立场。第三种：专指审美对象。在日常生活中，“美”字更多的是用来指使人产生愉悦心理的事物、对象。从“美”等同于具有肯定性价值的审美对象来看，美总是具有一定的感性形式，从而与人们一定的审美感受相联系。

朱光潜先生讲："美是客观方面某些事物、性质和形态适合主观方面意识形态，可以交融在一起而成为一个完整形象的那种性质。"就是说人的主观情感、意识与对象结合起来，达到主客观在"形态"（意识形态）即情感思想上的统一，才能产生美。霞光、彩虹、景山、故宫、维纳斯、《清明上河图》……没有人去欣赏，就失去了美的价值。西方近代美学家关于这方面讲得更多。审美对象是由人们的审美感受、审美态度所创造出来的。因为作为客体的审美对象和许多事物一样，是依赖于主体的作用才成为对象。再好看的画，若没有人观赏，也不成为审美对象。情绪烦躁、心境不佳，再好的作品似乎一点也不美。美作为审美对象，确乎离不开人的主观意识状态。

美是只有在主观实践与客观现实交互作用的意义上才可实现的主客观的统一。黑格尔的《精神现象学》和李泽厚先生的《美学三书》都认为：自由的形式就是美的形式。就内容而言，美是现实以自由形式对实践的肯定，就形式而言，美是现实肯定实践的自由形式。所以美是自由的形式。

什么是自由？黑格尔《精神现象学》中有这样一段话：任性和偏见就是个人主观意见和意向，是一种自由。但这种自由还停留在奴隶的处境上。对于这种意识，纯粹形式不可能成为它的本质，特别是就这种纯粹形式是被认作弥漫于一切个体的普遍的陶冶事物的力量和绝对理念而言，不可能成为它的本质。

这就是说，自由不是任性。那么，自由是什么？从主体性实践哲学看，自由是由于对必然的支配，使人具有普遍形式（规律）的力量。真正的自由必须是具有客观有效性的伟大行动力量。这种力量之所以自由，正在于它符合或掌握了客观规律。孔子说"从心所欲不逾矩"，庄子有庖丁解牛的故事，艺术讲究"无法而法，乃为至法"，实际都在说明无论现实生活还是艺术实践中，这种在客观行动上驾驭普遍规律的主体实践所达到的自由形式，才是美的创造或美的境界。人的主观目的和客观规律完全交融在一起，有法表现为无法，目的表现为无目的。所以自由（人的本质）与自由的形式（美的本质）并不是天赐的，也不是自然存在的，更不是某种主观象征，它是人类和个体通过长期实践所建立起来的客观力量和活动。

"自由本身是自然的作用（自然这个词要在最广义上来理解），不是人的产品，因而自由也就能够通过自然的手段来加以促进和阻碍。"[①]当人是完整的，他的感性冲动和理性冲动已经发展起来时，他才开始自由；当人是不完整的，两种冲动中的一种被排除了，那就必定没有自由，并且必须把一切东西归还给人，自由才能够重新恢复。我们知道，人从单纯的生命开始，为的是以形式终结；他成为个体比他人格独立时间更早，他是从有限走向无限的。因此，感性冲动发生作用要更早一些，因为感觉发生在意识之前，而在感性冲动的这种优先权中，我们找到开启人类自由全部历史的钥匙——审美。"心

① 席勒：《审美教育书简》，张玉能译，译林出版社，2009，第 61 页。

灵从感觉过渡到思维要经过一个中间心境，在这种心境中感性与理性同时活动，但是，正因为如此，它们的起规定作用的力量相互抵消，并通过对立引起了否定。在这种中间心境中，心灵既不受自然的强制，也不受道德的强制，却以这两种方式活动，因而这种中间心境理应特别地称为自由的心境。如果我们把感性规定的状态称为自然状态，把理性规定称为逻辑的状态和道德的状态，那么，我们就必须把这种实在的和主动的可规定性的状态称为审美状态。"[①]审美的发生即为走向自由的钥匙。美是属人的，符合人的本质的规定性；人的本质是自由的，而美是自由的象征。

二、民族审美的历史溯源

李泽厚先生在《美的历程》中梳理出华夏美学所经历的十个阶段：龙飞凤舞，青铜饕餮，先秦理性精神，楚汉浪漫主义，魏晋风度，佛陀世容，盛唐之音，韵外之致，宋元山水意境，明清文艺思潮，对中国数千年的文学艺术做了鸟瞰式的宏观美学把握。从中，我们可以很清晰地触摸到华夏美学的历程和特点。概括起来就是"舞美""诗美""乐美"，在审美教育领域则为"舞教""诗教""乐教"。

在龙飞凤舞时代，原始的图腾舞蹈清楚地显示了感性与理性、自然与社会、个体与群体的统一，显示了矛盾对立双方交叉会合的最初形式。原始的图腾舞蹈把各个本来分散的个体的感性存在和感性活动，有意识地紧密连成一片，融为一体，它唤起、培育、训练了集体性、秩序性在行为中和观念中的建立，同时这也就是对个体的情感、观念等的规范化。而所有这些，又都是与对虚构的神灵世界的法术支配或崇拜想象连在一起的。其中包含智力活动的萌芽，更是本能情感的抒发和宣泄。"舞蹈是原始生活最为严肃的智力活动，它是人类超越自己动物性存在那一瞬间对世界的观照，也是人类第一次把生命看作一个整体——连续的、超越个人生命的整体。"[②]"在舞蹈的沉迷中，人们跨过了现实世界与另一个世界的鸿沟，走向了魔鬼、精灵与上帝的世界。"[③]在如醉如狂、热烈激荡的图腾歌舞中，在神秘的巫术礼仪的面罩下，动物性的本能游戏、自然感官和生理感情的兴奋宣泄与社会性的要求，开始混同交融，彼此制约，难分难解。这里有着个体身心的自然性、动物性的显示、抒发、宣泄，就在同时，这种自然性、动物性开始"人化"。动物性的心理因社会文化因素的渗入，转化成为人的心理；人的各种心理功能，包括想象、认识、理解等智力活动在悄悄地产生，在萌芽，在发展，并且与原有的动物性心理功能如感知、情感交融。而这一切，比在直接的物质生产活动（狩猎、采集、栽培……）中要远为集中、强烈、充分和自觉。巫术图腾活动把现实生产活动中和生活活动中各种分散的、零碎的、个别的事例、过程、因素集中地组织、构造起来，它在培育、发展人的心

① 席勒：《审美教育书简》，张玉能译，译林出版社，2009，第 63 页。

② 苏珊·朗格：《情感与形式》，刘大基、傅志强、周发祥译，中国社会科学出版社，1986，第 217 页。

③ 同上书，第 218 页。

理功能方面要比物质生产劳动更为重要和直接。图腾歌舞是人类(不仅华夏文明)最早的精神文明和符号生产。这个精神文明、符号生产尽管还不是纯粹意义上的审美,但是,它已经具有了审美的要素,向感性与理性、自然与社会相交融的远古传统迈出了重要的一步。

远古图腾歌舞、巫术礼仪的进一步完备与分化,就是"礼""乐"。它们系统化的完成大概在殷周鼎革之际。"礼""乐"都是审美活动,严格地说是华夏民族的美育活动、内容和形式。"礼"在当时大概是一套从祭祀到起居,从军事、政治到日常生活的制度等礼仪的总称。古代文献大量关于"礼"的描述记叙,从不同方面反映出"礼"并不是儒家空想的理想制度,而是一个久远的历史传统。从孔子起的儒家正是这一历史传统的继承者、维护者和解释者。

"礼"既然是行为活动的一整套秩序规范,也就存在着仪容、动作等感性形式内容。这与"美"有关。所谓"习礼",就包括对各种动作、行为、表情、言语、服饰、色彩等一系列感性秩序的建立和要求。"礼"的社会功能在于维护上下尊卑的统治体制,在文化上表现为个体的感性行为、动作、言语、情感都严格遵循一定的规范和程序。《左传·昭公二十五年》说:"故人之能自曲直以赴礼者,谓之成人。"《论语》说:"立于礼。"这些都是说,人必须经过"礼"的各种训练,人只有在"礼"中才能建立和成熟为人,以获得人性。这种人性实际上是原始部族所历史具体地要求的社会性。古人所谓"礼以行之",所谓"非礼勿视,非礼勿听,非礼勿言,非礼勿动",在当时,是具有神圣的意义的。它们都说明,"礼"是直接约束、主宰、控制个体的感性行为、活动、言语和感官感受的。具有"神圣"性能的"礼"在主宰、规范、制约人的动作、言语、仪容等各种身体活动和外在方面的同时,便对人的内在心理(情感、理解、想象、意念)起着巨大作用。

现代新儒家梁漱溟认为"礼"与人的心理情感存在着紧密的联系。他说:"人类远高于动物者,不徒在其长于理智,更在其富于情感。情感动于衷而形著于外,斯则礼乐仪文之所以出,而为其内容本质者。儒家极重礼乐仪文,盖谓其能从外而内,以诱发涵养乎情感也。必情感敦厚深醇,有发抒,有节蓄,喜怒哀乐不失中和,而后人生意味绵永,乃自然稳定。"①冯友兰也指出,儒家崇奉"礼",实际上是表达主观感情的"诗"和"艺术":"儒家对于祭祀之理论,亦全就主观情感方面立言,祭祀之本意,依儒家之眼光观之,亦只求以情感之慰安。"②他认为丧礼、祭礼与表达、宣泄、满足人的感情,服务于人类作为生物群体存在有关。由此可见,"礼"不是偏重于灵魂超脱的宗教,而是与感性存在着密切关系的"艺术"。"礼"与心理情感是有着重要关联的。

但是,不管怎样说,"礼"总是从外面来的规范、约束,"礼"对人身心的塑造和作用是从外部硬加上来的,是一种强制性的规定,它与人自然的感官感受和情感宣泄并没有直

① 梁漱溟:《儒佛异同论》,《中国文化与中国哲学》第一辑,东方出版社,1986,第441页。

② 冯友兰:《三松堂学术文集》,北京大学出版社,1984,第139页。

接的必然的联系。故而，本来将理性、社会性交融在感性、自然性之中的原始的巫术图腾活动，发展定型为各种礼制之后，这个交融的方面便不得不由与“礼”并行的“乐”来承担了。我们都知道“乐从和”是“乐教”的核心。“乐”是发自内心，源于情感的。这种情感是由外物引起的，是“感于物而动”的。那么，“乐”所追求的“和”就必须与对情感的具体考察联系起来。一定的乐、舞、歌、诗与人一定的情感、性情相联系，这种联系有规律可循。特定的乐、舞、歌、诗等艺术形式可以唤起特定的情感。这样，乐、舞、歌、诗的各种不同的体裁、格调、模式、惯例，便正是各种不同的情感形式。从而，对情感的塑造陶冶，便具体地表现为对艺术形式的重视。

为什么我们对那唱腔已经十分熟悉却还是百听不厌？为什么时至今日人们仍然热爱唐诗、宋词、元曲？为什么书法艺术延续数千年至今依然让人痴迷？因为它们都是高度提炼了的美的形式。这美的形式正是人化了的自然情感的形式。这一形式的建立是以美的形式为塑造目标和标准尺度的。华夏人民追求“美”的习惯心理由来已久。无论是传统戏剧的外在表现形式和内涵，还是艺术作品，都证明了这一点。相对于西方，中国作品常会再现比较具体的自然与社会的内容，而具体现实的再现又不离开情感的表达，两者经常混同交融，合为一体。所以，李泽厚先生认为华夏文艺及美学既不是“再现”，也不是“表现”，而是“陶冶性情”，即塑造情感，其根源则仍在这以“乐从和”为准则的远古传统。

三、汉语特点与语言审美的关系

北京大学陆俭明先生在他的《汉语和汉语研究十五讲》中，概括了汉语的八个特点。

语音上的特点：每个音节都有声调；音节分明，构造简单而有规律。

词汇上的特点：双音节词占优势；合成词占绝对优势。

语法上的特点：缺乏形态标志和形态变化；只要语境允许，句法成分，包括重要的虚词都可以省略；语序固定，语序成为汉语表示语法意义的重要手段；有量词和语气词。

这八点提示了我们什么呢？教育部基础教育课程改革专家组专家、语文课程标准研制组核心成员陆志平先生在《母语特点与母语教育》中对汉语的核心特点做了概括，给我们很大的启示。

第一，汉语具有单音节性特点，音节的总量不多。一个音节对应一个概念，一个汉字即对应一个音节。音节分明，构造简单而有规律。汉语由一个声母加一个韵母构成一个音节，单音节就是这样构成的。21 个声母，39 个韵母，搭配起来组成 410 个音节，再配上四声，有意义的音节总共是 1300 个。汉语的根就在这儿，把这 1300 个音节都学会了，学汉语就不难了。1300 个音节，还有同音、同调不同意思的，7000 多个汉字把同音、同调不同义的音节表现出来，而其中常用的是 3000 字。第二，汉语词的生成能力特别强，词汇非常丰富。尽管只有 3000 个汉字，但可以组成无穷无尽的词。汉语可以说是世界上音节最少，而词汇最丰富的语言。第三，语法的主要特点是词序与意合。词与词之间的联系靠的是词序和意义上的联系。汉语靠语序而不靠语音，即不是靠语音的变化来连接音节，而是靠词的顺序，靠意义之间的一种联系。语序不同，意思就不同，比如“上树”“树上”意思就不一样；几个名词放在一起就可能是一个很好的句子，比如“古道西风瘦马”“秦时明月汉时关”“春花秋月”；词的形式不变，语法意义却可以改变，有时变个调，意思就变了。第四，汉语有着独特的虚词系统。虚词可以使整个句子灵动起来。量词则非常“传神”，比如“一头牛”“一尾鱼”“一肚子墨水”，几个字就给你呈现了非常生动的形象。这是语言，更是艺术，是文化。语气词在汉语言中也具有独特魅力。第五，汉字是表意的文字。汉字的造字方法有象形、指事、会意、形声、转注、假借。无论哪一种造字方法，都包含着一定的意义关系，有些声旁也表示一定的意义。汉语的精彩与智慧之处就在这些特点之中。汉字的特点凝结并彰显着民族的个性特点。

以上是说汉字的构造和特征之美。那么由一个个的汉字按照一定的规则(语法)组合成的汉语言还具有哪些审美的特点呢?

汉语言文学作品浩如烟海，汉语言的音乐美、舞蹈美、图画美在历朝历代的文学作品中都有所体现。拿唐诗来说，诗歌本身就是独立的艺术，诗歌同时具有强烈的节奏和韵律美。唐诗尤其具有代表性。盛唐本就是音乐艺术发展的高峰期。当时传入的各种异国曲调和乐器，融合传统的“雅乐”“古乐”出现了许多新的创造。从宫廷到市井，从中原到边疆，从唐太宗的“秦王破阵”到唐玄宗的“霓裳羽衣”，从急骤强烈的跳动到徐歌曼舞的轻盈，正是那个时代的社会氛围和文化心理的写照。如同当时的边塞诗派和田园诗派，成为人世间的欢快心灵音乐。这种音乐性的表现力量渗透了盛唐各类艺术，成为它的美的灵魂，故统称为“盛唐之音”。诗歌在其中占有重要的席位。绝句和七古乐府能入乐谱，为大家传唱。“琵琶起舞换新声，总是关山旧别情。撩乱边愁听不尽，高高秋月照长城。”诗歌与琵琶(音乐)浑然一体，不可分割。音乐是它的形式，绝句、七古是它的内容；或者反过来说，绝句、七言是形式，音乐是内容。总之，它们是紧密联系在一起的。如同音乐与诗歌的关系，汉字的书写也成为艺术，与舞蹈密不可分。观舞姿而进书法，是一再流传的著名故事：“张颠见公孙大娘舞剑，而笔势变动，不可端倪。”当时舞蹈的特征主要是来自少数民族急烈跳动的胡旋舞，也即是所谓的“纵横跳动”“旋转如风”。从而，那笔走龙蛇、刚圆遒劲具有弹性活力的笔墨线条，那奇险万状、连绵不断、忽轻忽重的结体、布局，那倏忽之间变化无常、疾风骤雨、不可遏制的情态气势，盛唐的草书不正是纸上的舞蹈吗？绝句、草书、音乐、舞蹈，这些表现艺术合为一体，构成当时诗书王国的美的冠冕。我们再看唐诗中绮丽的图画美。且不说诗画同源、诗书一体，就读一首张若虚的《春江花月夜》，读时如同作画，读完，画卷已成。“春江潮水连海平，海上明月共潮生。滟滟随波千万里，何处春江无月明？江流宛转绕芳甸，月照花林皆似霰。空里流霜不觉飞，汀上白沙看不见。江天一色无纤尘，皎皎空中孤月轮。……昨夜闲潭梦落花，可怜春半不还家。江水流春去欲尽，江潭落月复西斜。斜月沉沉藏海雾，碣石潇湘无限路。不知乘月几人归？落月摇情满江树。”多么漂亮、流畅的一幅写意画，多么轻快、优美的一首“霓裳羽衣曲”。春花秋月，流水悠悠，面对无穷宇宙，深切感受到青春的短促和生命的有限，是走向成熟期的青少年“自我意识”的初觉醒。当然，它的美学风格和给人的审美感受，依然是一语百媚，轻快甜蜜的。一首充满哲思的诗歌却能呈现一幅绝美的图画，一景一唱，一声一勾勒，句句景语皆情语。

仅从唐朝这个时代的例谈，我们就可以真切感受到汉语文为儿童提供的语言审美的诸多角度和内容。从内涵上看，有道德之美、情感之美、智慧之美等；从语言表现形式上看，有韵律之美、节奏之美、结构之美、图画之美、意蕴之美……

第五节　关于课堂

这里的“课堂”，特指儿童母语审美教育观照下的课堂。对母语的审美本就是语文教育的使命，是语文教学的核心，是语文教育教学的重要目标。我们努力寻找一条符合母语自身审美特点的教学路径，解放儿童，使儿童在符合审美规律的自由中获得母语学习的幸福感，让儿童母语教学的目的指向人的言语生命成长，指向人的核心素养获得，同时改善儿童母语学习的生态。

情境教育观照儿童母语审美的发生。李吉林的情境教育顺应儿童天性，突出“真、美、情、思”四大元素，以“儿童—知识—社会”三个维度为内核，构筑了具有独特优势的课程范式。儿童母语审美教育的课堂实践既是对儿童母语教育的自觉担当，也是对情境教育传承和发展的自觉担当。

一、审美课堂的立足点

儿童母语审美教育课堂的立足点在于小学语文课堂教学方式的优化与变革。以审美的方式观照儿童语文课堂的教学，帮助儿童在小学语文（母语）课堂学习中发现、感悟祖国语言的美感，发现母语的审美规律，感受中华文化的审美价值，从而提升儿童的审美素养，培养儿童的审美表达能力。与此同时，以审美的（和谐的、体验的、温暖的、融通的……）方式将儿童从多年来在语文课堂学习中受到的压迫中解救出来，消除符号学习与儿童之间的隔阂，实现通过课堂教学方式的优化与变革，培养儿童的母语审美情怀、母语审美阅读、母语审美表达的教学目标；实现在优秀母语文化的传承中，通过语文学科教学的审美方式，培养儿童的审美感知能力，提升儿童审美情趣，从而帮助儿童在母语审美中成长为情感丰盈、道德优美、人格健全的人。

二、审美课堂的特质

用审美价值标准对待教材。当教师面对教材时，无论是对文本的解读还是预设呈现角度，都是审美化的。审美课堂执教教师文本解读的视角是充分发现、欣赏教材中的审美因素，无论是句、段还是篇章，无论是散文、说理文还是说明文，都有母语表达的独特之美，教师首先要把它们找到并充分理解与吸收，甚至沉醉其中。

用审美的方式展开教学过程。美是整体和谐的，美是圆融统整的，美是生动活泼的……“审美带有令人解放的性质”，所以，教学设计要从整体入手，营造具有审美意蕴的教学情境，并引领儿童进入语文审美情境，以符合儿童学习规律（审美是合规律的）的方式进行教学，即游戏化、活动化、情境化的教学方式。

构建审美化课堂教学的操作要义。审美课堂建设的重要内容是构建审美课堂教学的操作要义。首先为构建操作要义确立了审美课堂的普遍规定性（四个核心要素）：有散步意味的流连欣赏；有留白意味的浪漫想象；有开放意味的话题互动；有哲思意味的感悟升华。从而构建以“涵泳诵读”“情境再现”“入境欣赏”“创造表达”为支撑的四大操作策略，它们既是各自具有独立性的操作策略，又是互相融通的组合型策略。根据教材的不同，教师恰当选择、组合运用，努力助推儿童达到母语审美学习的最佳状态。

彰显儿童母语学习的审美气质。审美课堂呈现出儿童母语学习的独特气质，与母语之美的气质相互印证，相互匹配。在体验与感悟、欣赏与评价、表现与创造中，教与学、人与文彼此欣赏，课堂节奏张弛有度，儿童主体充分彰显，课堂氛围自由自在。

发现教材中的母语审美价值。审美课堂中的教师既是审美阅读和审美表达的引领者，同时又和教材中的审美因素共同构成儿童的审美对象。每一次语文教学过程中，教师知识的丰富性、深刻性和明晰性都会对学生产生深远的影响。教材中的信息，在释放过程中大抵带着教育者个人风格的烙印。审美课堂教师在对文本进行解读和呈现的时候，总是发掘出文本中对儿童而言最大的审美价值，比如《陌上桑（节选）》第一部分对罗敷之美的侧面烘托之绝妙，发现了这样的审美核心价值，课堂教学就会干净而凝练，教师会为了让儿童欣赏这个教材之中的审美表达，而修剪去枝蔓，在层层推进的阅读中帮助儿童发现并抵达“此美”。

确立保障儿童审美实践空间的核心要素。新课标明确提出要在语文实践中提升儿童的语文实践能力。为了能够引领儿童在语文实践活动中充分欣赏母语表现力之丰富、形式之灵动、意蕴之丰赡，并通过对母语的审美欣赏从而进行创造性表达（审美表达），审美课堂努力保障儿童具有充分的审美实践的空间并提供经过实践证明可行的路径。

优化具有审美意蕴的儿童学习方式。“美是自由的象征”；“审美带有令人解放的气质”。审美课堂教学中，基于儿童自由、活泼、生动的审美天性，我们努力提供儿童活动化的和游戏化的学习机会；基于儿童对语言符号学习的陌生与畏怯，我们努力设置审美化的教学情境，以浸润和体验的方式帮助儿童审美入境，在情境中和儿童生活经验相遇，和文字背后的故事、情景相遇，以帮助儿童降低言说难度，找到更多表达的切入点，激发儿童表达的欲望，从而使儿童对母语学习充满兴趣、热爱和向往，使儿童自主参与课堂学习，享受母语本身之美和主体愉悦的学习带给他们的双重幸福。

三、审美课堂的创新点

让母语教育视角从外部加法走向立足课堂。对于母语情怀以及母语之于儿童的重要性，绝大部分语文教师都是有比较好的认识的。随着课程改革的深入，校本课程兴起并逐步走向成熟，教师课程（教师个人微型课程）也已经在优秀教师群体中萌芽生长，对语文学科的课程补充更是层出不穷。但是国家课程设置的在校学习时间和语文课时是有限的，想要在有限的学校学习时间段内完成更多的课程任务，即使不是主观愿望，也会客观造成儿童语文学习任务的加重。所以，我们的研究与实践把目光聚焦在每一节语文课堂教学，用符合母语规律的审美视角探索出一条有效提升儿童母语能力的课堂教学变革之路。

让母语教学从一般模式走向审美路径。这条路径是用审美的价值观来观照和变革语文课堂，而非仅仅基于教育学理论的一般操作模式。用审美的方式教语文是对中华传统母语教学的继承与发展。“两千多年前，孔子跋涉在语文的长河边，寻觅着通往彼岸的渡口，这位哲人，也是中国有记载以来第一位伟大的语文老师，以他的虔诚、睿智与经验不断给后人指点着迷津。然而，后来者并没有因为他的这些不朽的思想而停止对语文津梁的寻找。”（杨九俊“觅渡文丛”序）

让母语课堂操作方法从技术性走向审美性。“涵泳诵读”“情境再现”“入境欣赏”“创造表达”的课堂教学操作策略，是基于汉语本质特点构建的。汉语本质是诗性语言，所以以诗的方式去引领儿童涵泳、体悟、表达，让语文教学始终伴随着强烈的审美运动，“活”让技术性的方法具有了审美意义。努力依凭“境、场、象”来进行教与学，让整个教学过程伴随强烈的情感，使教与学都成为“生命律动”。审美课堂教学方式孕育并生长在母语本质研究和儿童学习特点研究基础上，指向儿童言语生命的健康发展，努力将艺术境界建构在求真的学术境界和崇高的宗教境界之间。

让儿童母语学习从过度程式化走向自由解放。儿童母语审美课堂实践目标指向儿童的自主阅读与自由写作。为此，首先消弭儿童学习感性与理性之间的壁垒。符号学习给儿童带来的是具有隔膜的理性痛苦。但是儿童理性学习必须得到生长，在感性优先和理性生长之间，审美是最好的途径，审美本身就是渗透了理性的感性。其次，消弭儿童生活与符号之间的壁垒。儿童母语审美课堂把语文的符号学习还原成生活情境，在相对传统教学更开放、更灵活、更自由的教与学的互动场域中，消弭儿童生活与符号之间的壁垒。最后，消弭学科教学与育人之间的壁垒。儿童母语审美课堂力求把语文的人文性和工具性统一在审美的课堂教学方式中，是融真、善、美于学科教学之中的有效途径，是对教育部倡导立德树人应该成为学校全部教育的首要目标，应该建立德行养成的学科育人融合模式的实践性呼应。语文教学的审美方式不仅有效提升儿童母语学习的兴趣、能力，而且为儿童的心灵成长作出了学科贡献。

第二章　价值引领

第一节　引领与陪伴儿童言语生命的成长

语文教育，说到底是对人的言语表现的教育，是对人的言语生命本质加以确认的教育，是言语人格、精神发展的教育，也就是言语生命的教育。言语生命，是人类最具本质特征的人生。因为言语活动是人类这一智慧生命体与其他物种的根本区别。人是符号动物，言语活动是一切思维活动、精神活动产生的基础。任何一种创造性的人生，都可以归入言语人生，因为没有什么有价值的创造性工作能离开符号性思维和符号性行为，可以既不要深思熟虑也不要用精当的言说来表现。言语生命，实际上就是智慧的人生和创造的人生。从这个意义上说，言语生命，是人最具有定性特征的生存状态、生命状态。审美入境的语文教学研究指向的不仅仅是使儿童会说话，会用符号表意，更是始终陪伴着儿童走向言语自由的生命成长状态。因为我们知道，言语生命指的是具有较高的符号创造能力的人生，指的是人一生中所创造的精神产品在人类的文明史、文化史、精神史上留有痕迹的人生。同时，言语生命又指一种自由本真的生活态度，自觉坦然的精神境界，健康的性格和人格，超功利的、勇于创造的心态等。对言语上自我实现的人生而言，后者往往更具有本质的意义。

语文教育引领儿童走向言语人生，实现言语生命的健康成长，是一种人本主义的、人文主义的回归，使人更像人。

人本主义心理学家马斯洛把人的需要分为两种：基本需要与发展需要，表达的也是相似的意思。基本需要包括生理、安全、归属与爱、尊重等需要，发展需要包括自我满足需要以及真、善、美的需要等。发展需要的最大满足就是达成“自我实现”。可见，人的基本需要主要是生存性需要，发展需要主要是存在性需要。前者主要是一种生活的、物质的、“占有”的需要；后者主要是一种发展的、精神的、存在的需要，是人的也是人类的终极性需要。语文教育，无疑不仅要指向人的基本需求，更要指向人的发展需求，即指向言语上的自我实现，尽可能地发挥人的言语潜能、个性与才华，既满足人的生存性需要，也满足人的存在性需要。这才是完整的、具有前瞻性的语文教育。审美入境，旨在通过对人本体生命特性的认识，对人的言语动机系统的建构，培育言语健全人格，培养言语兴趣和习惯，创造言语表现的氛围，改善认知背景和言语图式等，来为言语行为的发生、发展提供动力，达成人的言语行为上的自发、自觉和言语表现力、言语人格的良性发展。

儿童言语生命的成长，是一个从自为到自觉的过程。在向着“自觉”的途中，往往需要适时的唤醒和点化。语文教师在教学中就是扮演唤醒和点化的角色，而不是教化和教导。教化或教导难以启发学生的“自悟”“自求”，因为它太抽象。言语生命最初的生态是感性的、情绪的、经验的，需要教师在读、写上作感性的诱导，需要读、写经验和情绪记忆的相互印证和交流。因此，对言语生命的启蒙，对言语感觉的启悟，教师亲身的读、写活动，教师和学生之间的读、写活动中的每一点体验和领悟，都会促进学生言语灵性和悟性的发生，唤醒他们言语生命意识的自觉。这不是说教师可以凭借经验进行教学，而是要求在语文教学中，教师借助自身的言语储备和言语表现，直接的读、写经验和体验，和学生进行对话。这正是审美课堂教学对教师的要求。能够顺畅地带领儿童进入言语之境并自由出入言语情境的教师，必须对教学观念、方式、方法等具有深刻的认知，对个体教学经验有过概括和反思，对普遍性教学规律具有深入的研究。

儿童言语生命的成长更是儿童走向美好人生的成长，因为语言是人之所以是人的重要确证，语言是人与周围世界产生联系的唯一途径，而母语决定人一生的精神格局。从个体来说，一个孩子从出生之日就进入了民族的语言流，他的母语理解和母语表达决定了他一生的精神格局。儿童母语审美教育通过符合母语规律和儿童学习规律的方式，帮助儿童发现母语形式的文化规定性，帮助他们感知语言与民族精神的结构通约，让儿童的精神世界在母语世界中成长并丰富起来，通过审美立德，通过审美怡情，通过审美启智。

第二节　推动语文学科建设

审美入境的研究首先对语文学习有着新的定位与认识。语文是以言语为载体的思想、文化和精神的结合体。“语”即“言”“吾”，即言说着、抒写着“我”的思想、文化与精神的文字记录。利用文本的陶冶性因素，创设充溢情味和哲思的“情境场”，让学生获得情感滋养和灵魂熏陶，这是语文课堂教学的重要任务。这一研究彻底摒除以线性知识获得为唯一指向的静态知识观，对语文学习进行重新定位。

突破传统语文教学方式。语文教学始终伴随着强烈的意象运动，本研究努力依凭“境、场、象”来进行教与学，学生通过“境”而想象，通过“象”而思虑，通过“场”而记忆，其学习活动始终伴随“直感”，亦即“以情想象、以情感受、以情记忆”。减少学生的“位置记忆”，让学习伴随强烈的情感，使学习成为学生的“生命律动”。

推动语文教师专业成长。参研者在更新理念与操作路径的过程中，一方面，获得带领学生审美入境的成功体验，获得高品位的审美愉悦；另一方面，通过研究逐步告别传统的以“告诉与灌输”为唯一方式的操作路径，专业理念、专业技能、专业期许得到提高，可以享用高品质的审美人生。

更重要的是操作要义中若干命题的实践能够推动当下相关课题研究（最重要的是对小学语文课堂情境教学“入”境问题的研究）。

现在的语文教学版图已经相当丰富，“语文”一词的前缀已有很多。一些人质疑这些实践者打出的旗号是否正确，甚至是否有必要，我认为这种质疑毫无必要。每一个实践者，只不过是从某一个角度入手，去了解、触摸语文教育的核心，努力张望以求得看清语文教育的终极目标，在基于语文教育的普遍规律上，从有个人教学风格和立场的角度去寻求语文教育的最佳路径。在对审美入境研究进行定位思考的时候，我读到杨九俊先生主编的“觅渡文丛”，在这套丛书的序言中，我读到了作为语文人的杨九俊先生和一群致力于语文教育的学者对当前语文教育研究所作的非常确切和精妙的解读——

“语文的确如同一条浩浩汤汤的长河，阔大辽远，奔流不息，从哪儿摆渡才能够顺利登上对岸呢？问题可能不在这儿，而在于语文并不是静止不动的，更不是单一的。语文是我们的生活，人们就生活在语文之中。远古的语文生活已遥不可及，只能从结绳记事，甲骨钟鼎，从‘断木，续竹，飞土，逐肉’，从诗三百中依稀想象。但可以肯定的是，孔子的删诗，秦始皇的书同文，对当时的语文生活产生了巨大的影响。中古以后，人们在日常生活中讲着白话，而在书写时却使用整饬的文言，他们又是如何穿行于文白之间的呢？待到五四以后，文言废除，言文统一，即使不是过来之人，也能够感受到当年语言解放的欢畅。其后近一个世纪以来，似乎没有白话文运动这种惊天动地的革命，但我们的语文生活不是依然在变化吗？媒介在变，趣味在变，国门的敞开更使西方的语文风格时时在本土引领时尚。人们在不经意间就会发现，说话的方式变了，思考的方式变了，阅读的材料更是丰富多彩，日新月异。如此说来，倘若说语文是一条河，那么它不但阔大，长流不息，而且时时改道，不断流向新的天地。面对这样的变动不居，固然不可能划定固定的航道，也不可能指望一劳永逸地从同一个出发点跨上语文的舟楫。而且，如果还要较真的话，将语文比作一条大河还有不甚确切的地方，它应该是一个庞杂的水系吧？这条大河应该有许多纵横交错的支流，而每一条支流都有着沿岸的景观，它们或从语言处流来，或向文学处流去，或流经为师者的心田，或盘桓在学习者心智的丛林，又怎么能指望一座桥梁将我们带往不同的目的地呢？

不要纠缠在总有跛脚的比喻上吧，我们只不过想说明这样一个客观的事实：语文教育史已经几千年了，即使现代语文教育史也已百年，无数的语文教育家和教育工作者孜孜以求，艰难探索，为我们留下了许多语文教育指南，但这些探索的经验却各不相同，它们是我们的出发点，却永远不是我们的终点，它们给了我们帮助，但时代的变化仍然让我们常常感到困惑与迷茫，这样的境况与感受是古今相通的吧？

因此，问题似乎又变得再简单不过，我们不必太在意寻找的结果，风景就在这寻找的过程中，或杂花生树、群莺乱飞，或大漠孤烟、长河落日，或连峰接天、枯松挂壁……不都能给我们意外的惊喜吗？我们更不必担心结论的差异甚至对立，因为不同的渡口会指向不同的彼岸，无尽的探索将成就日渐详尽并不断更新的语文地理。”

第三节　丰富小学审美教育的“版图”

本质上说，教育指向的就是人的发展，即人格的完善。教育工作者应该以此为塑造灵魂工程每一个环节的指导思想，而课堂教学是最重要的阵地。

关于课堂教学的目的与任务，巴班斯基提出“上课要瞄准最后结果”，这个“最后结果”，即相互联系地完成教养、教育和发展的任务，促进学生个性的全面和谐发展。巴班斯基认为，只有完成这样任务的课，才算达到“最后结果”。他的这一观点正是对课堂教学多元化目标统一性的描述，它提示着我们：课堂教学不仅是向学生输入知识，还要发展他们的智力和各种能力，发展个性和品质。因此，完美的课堂教学不仅体现了智育目标的实现，也同时进行着德育和美育的工作。从人才培养的高度来认识课堂教学，才能够找准审美教育在其中的位置。

考察课堂教学的过程，无论什么学科，施教者和受教者之间，总有两条信息传递通道。一条是施教者运用教学媒介向受教者传递教学信息，在这里，教学媒介是信息载体。另一条是施教者通过本人人格光辉的闪射，对受教者释放教育信息，在这里，施教者本人是信息载体。课堂教学这种“双通道”信息的跃动，还需要一个“场”，这个“场”的物化环境便是用来实施教学的课堂。师生、生生之间的交流，课堂气氛和教学节奏，教学样式与风格等均是教学场的构成要素，这些对课堂教学“最后结果”的完成有着十分重要的影响。

综合以上关于课堂教学任务与过程的认识，我们对于课堂知识教学与审美教育的关系，便可作出如下表述：

首先，从教育的任务看，课堂知识教学与审美教育是对立统一的。其对立表现为：理性—感性，逻辑—情感，抽象—形象，功利—非功利，律定的—自由的，等等；其统一表现为：认知的发展与情感的发展共同构成个性的和谐，同时，智与美又是相互渗透、联结的，智本身便有很多可构成审美的对象，而“以美启真”，即美育对智育的催化作用是不言而喻的。因此我们必须看到美育在人格塑造中的作用，看到由于感性总是理性的基石和触媒，情感总是无孔不入地渗透于知、意、行，因而美育确有一种对智育的催化作用，课堂教学中确有一个智力教育审美化的问题。

其次，考察课堂教学中美育的构成要素，除了学科知识中的审美因素发掘外，还有教育者的人格光彩、审美化的课堂教学氛围以及这三者的动态组合。母语审美课堂创设了审美化的教学场。物化环境与教学人际关系（情感交流）以及教学过程的调控艺术等共同构成富有审美意味的教学氛围，不仅是其他审美因素发挥作用的背景环境，也是学生审美观照的客体。整洁的教室，热情投入的教师，全神贯注的学生，课堂气氛活跃而有秩序，教师与学生、学生与学生之间始终互相信任、理解；由衷的赞美、善意的帮助等情感的流动与教学信息的往返作用和谐交织在一起；教师潇洒地控制着课堂节奏，疾徐张弛无不与学生内心的学习节律共振着。这是审美入境课堂的理想境界，尽管带有理想主义的色彩，然而毫无疑问，这样富有审美意味的教学场，不单单是教给学生一点什么，更是让学生在愉悦中感受着，熔冶着心灵自由，不再视学习为畏途，不再如罗杰斯所说，在学习过程中视自己为“囚徒”，心灵世界在这样的“场”中不断丰富和完善。

2020 年 10 月，中共中央办公厅、国务院办公厅印发了《关于全面加强和改进新时代学校美育工作的意见》(以下简称“《意见》”)，就全面贯彻党的教育方针，加强和改进新时代学校美育工作进行了系统设计和全面部署。学校美育工作是立德树人、培根铸魂的事业。《意见》对新时代学校美育工作的总体要求主要体现为四个方面。

一是强调了重要意义。强调美是纯洁道德、丰富精神的重要源泉，从审美教育、情操教育、心灵教育、丰富想象力和培养创新意识的教育四个维度进一步强调了美育的价值功能。二是明确了指导思想。明确以立德树人为根本，以社会主义核心价值观为引领，以提高学生审美和人文素养为目标，弘扬中华美育精神，以美育人、以美化人、以美培元，把美育纳入学校人才培养的全过程。三是确立了工作原则。《意见》确立了美育工作坚持的三项原则：坚持正确的方向——引领学生树立正确的历史观、民族观、国家观、文化观，陶冶高尚情操，塑造美好心灵，增强文化自信；坚持面向全体——健全面向人人的学校美育育人机制，让所有在校学生都亨有接受美育的机会；坚持改革创新——全面深化学校美育综合改革，形成充满活力、多方协作、开放高效的学校美育新格局。四是确定了主要目标。按照 2022 年和 2035 年两个重要时间节点提出目标要求。要求到 2022 年，学校美育取得突破性进展，育人成效显著增强。到 2035 年基本实现社会主义现代化时，学校美育基本形成全覆盖、多样化、高质量的具有中国特色的现代化学校美育体系。

从以上四个方面的具体内容看，无论是从语文这门学科的学科特质来说，还是从儿童母语学习的方式来说，帮助儿童通过审美的方式来审母语之美的过程就是美育的重要路径和分支。儿童母语审美教育的三大功能正是与美育核心功能相一致的审美立德、审美怡情、审美启智，儿童母语审美教育的内涵包括审母语中的智慧之美、情感之美、德行之美，实现路径则是帮助儿童审母语的表达之美，包括母语表达中的形象之美、画面之美、韵律之美、节奏之美、结构之美、意蕴之美等。由此，我们可以确定，儿童审美教育在很大程度上可以实现《意见》所设定的中小学美育目标，是学科美育的重要组成部分。

同时，儿童母语审美教育也呼应了《意见》中关于美育融合的理念，即加强美育与其他学科的融合，充分挖掘和运用各学科所蕴含的体现中华美育精神与民族审美特质的心灵美、礼乐美、语言美、行为美、科学美、秩序美、健康美、勤劳美、艺术美等丰富美育资源，有机整合相关学科的美育内容，大力开展以美育为主题的跨学科教育教学和实践活动，形成协同育人的格局。

第三章　操作要义

第一节　有散步意味的流连欣赏

我国著名美学家宗白华先生认为，散步是自由自在、无拘无束的行动，散步看上去似乎是没有设计的，不成系统的。然而，西方建立逻辑学的大师亚里士多德的学派叫作散步学派，可见散步和逻辑并不是绝对不相容的。庄子可谓我们中国古代最了不起的哲学家了，他整天在山野里散步，观看鹏鸟、小虫、蝴蝶、游鱼。意大利文艺复兴时期的天才达·芬奇经常在米兰的街头散步，他在散步时速写的那些被他自己称为戏画的作品，现在竟成了世界画廊的奇葩。的确，散步时可以偶尔在路旁折一枝小花，也可以在路边捡一块被人丢弃或从未被别人注意的小石，无论是小花还是小石，不必过于珍视，也不必丢弃，放在桌上可以作散步后的回想，一种在某处流连过的印记，或回味散步时刹那间的思想。

散步意味着过程的闲适，意味着心灵的自由，意味着思维的轻盈，这是一个流连欣赏的美好情境和场域。课文是经过编辑者精心遴选的古今中外文质兼美的篇章。但是由于文字符号所表现的人类经验的间接性，在跨越文字符号障碍的同时，儿童会产生审美注意的转移和文字习得的理性疲劳。所谓审美注意的转移，即原本儿童对于生活直接经验（情境性的）的审美兴趣、好奇、关注，转变为对文字符号的理性学习。所谓文字习得的理性疲劳，既由有难度的文字学习带来，又由儿童感性天性引发（卢梭语：儿童处于理性睡眠期）。有散步意味的流连欣赏就是要求教师深入解读教材文本，努力探寻文字间接经验背后可触碰的人类直接经验，把符号的文化转化为实境的文化，引领儿童在文字的字里行间进行有意味的散步，从符号走向生活，从感性走向理性，再从理性走向“新感性”，即渗透了理性的感性，也就是美感。

有散步意味的流连欣赏，是让我们牵着学生走进“秦时明月”，聆听“盛唐之音”，一同徜徉在母语的河流……民族文化所包含的“自然美”“社会美”“历史美”无一不流淌在今天的语文教材中。我们要做的是引领儿童触摸到“美”。为什么圆明园的断壁残垣是美的？为什么人们愿意去观赏它？因为它记录了实践的艰辛历史，凝冻了过去生活的印痕，使人能得到一种深沉的历史感受。青铜器为什么不擦光才显得“美”？因为它身上的斑斑绿苔记录了历史的沉埋，为它的社会美增添了更深沉的力量。教材看似薄薄几本，殊不知它是如此浩渺的美学长卷，如此深邃的智慧积淀。

只有不断引领儿童在自由轻松的氛围中，有足够的时间和空间在文字情境中不断欣赏、体会、阅读，我们才能帮助儿童将文本作为一个富有生命力的整体，努力寻找它的心跳与气息，进而找到与它共舞的节律，与它对话交流的频率。有散步意味的流连欣赏有时是点到为止的写意；有时是反复徜徉的细究；有时，可以和文本走得很近，与文本了无罅隙；有时又走得很远，与文本遥遥相望。只有这样灵活自在的母语审美方式，才能让学生领悟到母语的摇曳多姿与无穷魅力。

针对具体的某篇课文，我们如何带领儿童进行有散步意味的流连欣赏呢？最重要的一个策略是涵泳诵读。著名文学批评家汪政先生在谈论今天的小学语文教学时，有一个著名的观点，他认为，我们在教我们的孩子学习我们自己的文字、自己民族的语言时，首先应考虑汉语言本身的特点和规律，这样我们才有可能辨别出好的教学方法。反复的诵读涵泳，孕育了文学大家和中国文学繁荣的时代。它作为我国千年传统文化学习的重要方式，在西学东渐、学科分化教学的几十年里，已渐次湮没，然而，当我们一次次对自己的语文教学丧失自信的时候，我们开始新的反思，在传统文化中寻找民族文学的精髓和教育的精神。以民族的方式对待民族的语言学习是一条经得起岁月检验的道路。

以古诗词教学为例，我们在选择儿童学习的路径时，必须考虑到古诗词的一大特点，即具有音律与节奏美，非常适合诵读，与儿童善歌舞、喜游戏的心理特点相吻合。音乐是一种非常浓厚的审美艺术。诗与乐的节奏仿佛有一种模型似的，往往是在变化中整齐流动，舒展向前，却又常常回旋往复至起点。这是一种规律，有规律的节奏就必能使人在心理上产生预期。预期不断地产生又不断地被证实，所以就发生了预料所及的快慰。也许这就是为什么儿童都不拒绝古诗诵读，甚至很多孩子在很小的时候就对这样的诵读感到愉快。声音与情绪的密切关系也是古诗词适合涵泳诵读的理论基础。声音与情绪的关系是古今中外的诗人们常常谈论的，比如《乐记》中就有专门的论述："其敬心感者，其声直以廉；其爱心感者，其声和以柔。六者非性也，感于物而后动。"

声音与情绪的关系是一种原始而普遍的关系。声音通过调和、对比、反衬、连续、转承而波动，产生节奏。诵读偏重语言的节奏。诗歌的音律性使诵读者和聆听者同时陶醉于诗的意象和音乐之中。根据具身学习的理论，诵读的过程是一个人多种器官协调运作的过程，有意味的诵读之声悦耳悦心，对于儿童学习来说，这样一种具有审美情趣的活动，既有利于儿童的记忆，又有利于儿童接受母语的熏陶，是经过事实检验的诗歌学习最有价值的路径。

涵泳诵读的母语学习方式也兼顾了儿童生命成长的自主性。儿童在学习生活过程中会对自己的存在进行自我认识，并用自己的方式解释自己的存在。教学倘若忽视了儿童自我认识的本性，不去发展儿童自我认识和自我教育的能力，不给儿童自我解释的力量和机会，那么教学就丧失了它全部的意义。涵泳诵读给儿童提供了解释自我存在的一种方式、一个机会，因为在涵泳诵读的过程中，儿童主动探索汉语文世界的秘密，儿童诵读方式的选择或是对自己声音的控制、调适等都是对文本和自己存在的一种解释，在陶醉于自己声音的过程中，儿童认识自我、追寻自我、提升自我，体会到自我生命存在在语文学习中的价值和力量。涵泳诵读这样一种既符合汉语规律又遵从审美规律的传统经典学习方式，它的经久不衰还体现在这种儿童语言学习方式尊重了儿童的独特性。独特性也就意味着差异性。对同一个文本的涵泳诵读可以体现儿童的独特理解以及对差异的包容程度。不同的儿童在选择诵读方式以及调控诵读音调情绪时并不是完全一样的，比如表达同样的情绪，在关键词语的高低音处理上，不同的儿童就会有不同的选择。同时，涵泳诵读给儿童提供充分的时间反复感知，保证了不同学习速度的儿童都能够和作品充分接触并不断深入作品内部。

我们以纳兰性德词《长相思》教学为例，呈现以涵泳诵读为策略的有散步意味的流连欣赏。

课堂呈现:《长相思》审美鉴赏活动设计

【教学目标】

通过层层诵读理解这首词的意思和意境，体会词的魅力；激发儿童对祖国古典文学的热爱之情，感受古典诗词的音律之美、节奏之美、情感之美。

【课时】

一课时

【审美鉴赏活动】

审美鉴赏活动一　初识词人，了解背景

1. 介绍词的作者。

同学们，今天我们要学习一首词，词牌名为《长相思》。你还知道哪些词牌？

好，这首词的作者叫纳兰性德。他是谁呢？他又是在什么情况下写下了这首词呢？

出示：

纳兰性德(1655—1685)，字容若，号楞伽山人，清代最著名词人之一。其诗词“纳兰词”在清代以至整个中国词坛上都享有很高的声誉，在中国文学史上也占有光彩夺目的一席。他生活于满汉融合时期，为大学士纳兰明珠的长子，其贵族家庭兴衰与王朝的命运紧紧相连。虽侍从帝王，却向往平淡生活。特殊的生活环境背景，加上个人的超逸才华，使其诗词创作呈现出独特的个性和鲜明的艺术风格，造境别致、格调高雅、自然雅致、清淡朴素，毫无雕琢的痕迹，然笔触细腻直抵人心也。

2. 介绍词的创作背景。

康熙二十一年(公元 1682 年)二月十五，云南平定，康熙帝出关东巡，祭告奉天祖

陵。纳兰性德作为一等侍卫随从康熙帝至永陵、福陵、昭陵告祭，二十三日出山海关。于途中写下了这首词。

提示：著名词评专家严迪昌在《清词史》中评价纳兰词为清词创作之巅峰，尤以《长相思·山一程》和《木兰花令·拟古决绝词》为最。那我们就来细细欣赏品味它究竟妙在何处。

审美鉴赏活动二　层层递进，四读欣赏

1. 一读：对照注音把词读准确。

出示一读的要求。

一读：对照注音把词读准确

请同学们对照生字的注音，把词读准确。

学习小组内分享各自的朗读，并互相帮助纠错。

2. 二读：对照注释读懂词的意思（理解）。

（1）出示二读要求。

二读：对照注释读懂词的意思

请同学们对照注释，读懂词的意思，并在学习小组内交流。

【注释】

长相思：词牌名，唐教坊曲名。又名《双红豆》。

程：道路，路程。山一程，水一程：即山长水远。

榆关：即今山海关，在今河北秦皇岛东北。那畔：即山海关的另一边，指身处关外。

千帐灯：皇帝出巡临时住宿的行帐的灯火。"千帐"言军营之多。

更：旧时一夜分五更，每更大约两小时。风一更，雪一更：即言整夜风雪交加也。

聒（guō）：声音嘈杂，这里指风雪声。

故园：故乡，这里指北京。此声：指风雪交加的声音。

（2）学生自主阅读理解。

（3）学习小组内交流分享。

（4）指名大组交流，逐句说说词的意思。

（5）出示译文，学生对照译文巩固自己的理解。

【译文】

将士们不辞辛苦地跋山涉水，马不停蹄地向着山海关进发。夜已经深了，千万个帐篷里都点起了灯。

外面正刮着风、下着雪，风雪声让将士们难以入梦，反而勾起了他们对故乡的无限思念，故乡是多么温暖宁静呀，哪有这般狂风呼啸、雪花乱舞的聒噪之声。

（6）师生齐读课文。

（7）提问。

要点：因为理解了词的意思，读起来就有了一些感觉，理解了意思再读，自然就读得好一些了。

3. 三读：读出词人的心情（感悟）。

（1）出示三读要求。

引导：要想读好这首词，我们还得去体会词人那时的心情，按照提示，我们来细细品读。

三读：读出词人的心情

请同学们细细品读全词。读出了词人怎样的心情（情绪）？

从哪些地方读出来的？

说一说：把你的感悟说给同学听。

读一读：用吟诵传达出这种心情（情绪）。

（2）师生全班交流分享。

层层追问：

① 你读出了词人怎样的心情？（思念）

② 思念家乡的心情是怎样的？他现在回得去吗？

③ 回不去，又想得厉害，你再读读，读出了词人心中怎样的情绪呢？（无奈）

④ 从哪里读出了埋怨和无奈呢？

（3）第三次集体诵读。

提问：我们现在来诵读这首词，我相信大家的感觉又不一样了。你们从自己的声音里听到不一样的感觉了吗？

回答要点：理解了词的意思，并了解了词人的心情，我们的朗读感觉比上一次更动听了，也更有词的感觉了，因为朗读中有了词人的心情。

引导：的确，进步很大，想读得更好吗？如果想，我们继续往前。

（4）出示以下内容。

北宋李之仪说长短句"语尽而意不尽，意尽而情不尽"，这也就是王国维所说的"词之为体，要眇宜修"啊！

词为长调，就像一位美好的女子于花草小道上散步一般，总要走一走，停一停，故而吟哦起来似有"一唱三叹"之感。

（5）出示三读的第二层次要求。

三读：读出词人的心情

请同学们再次吟诵，能把词人怨怼、焦虑、幽苦、思念的心绪吟诵出来吗？能表达出"一唱三叹"之感吗？

① 教师范读：听老师来诵读，同学们感受一下，在哪里有"叹"的味道，这是一种怎样的感觉。

回答要点：很有韵味，感情很缠绵。

② 师生第四次集体诵读：我们一起来吟诵，读出咱们中国古典词的"一唱三叹"之

感,“词之为体,要眇宜修”也就是这样的味道,词人的情感尽在此味中。

③ 引导:我们还可以读得更好,读出诵读艺术的魅力,跟着老师继续往前。这一次,我们走进词里去,走到词人的身边去。

(6) 出示三读的第三层次要求。

三读:读出词人的心情

请同学们走进这首词的时空。随着文字的流淌,随着词人的行程,你看到词人怎样的表现?情发乎于心,而常常显于外。你看到纳兰的神态了吗?你看到他的动作了吗?

提示:请站在词的留白处想象。

① 师生合作完成留白的补充想象。

想象要点:

“山一程,水一程,身向榆关那畔行”,此刻,你看到纳兰骑在马上,他会有怎样的表情,怎样的动作呢?

“夜深千帐灯”,此刻,你看到纳兰在哪里?他是在外边呢还是在里边呢?他是在高处呢还是在低处呢?他有怎样的表情和动作呢?

“风一更,雪一更,聒碎乡心梦不成,故园无此声。”此刻,纳兰又在哪里,你看到什么,又听到了什么呢?

② 小结:词的字里行间都是忧愁,都是埋怨,他怨路太漫长,他怨马儿跑得太快,他怨________,他还怨________,他甚至怨________。(学生补充说话)

③ 师生第五次合作诵读词:我们再来诵读这首词,这次的感觉一定更加接近那时那景那情。

4. 四读:读出词的妙处(品析)。

(1) 出示四读的要求。

四读:读出词的妙处

《长相思·山一程》一词中用了很多对比冲突来表现词人的心境。请同学们试着找到这些对比冲突。

① 引导:我们刚才走进了词中,走到了词人的身边和心里,现在,我们再往后退一点,保持一定的距离再次欣赏这首词,欣赏词的又一妙处。找一找词中的几组对比冲突。

要点:

“山一程,水一程”,渐行渐远与思念更切形成了对比冲突。

“身向榆关那畔行”与心往故园归形成了对比冲突。

千帐灯的亮和暖与离愁的寒冷形成了对比冲突。

风雪声的聒噪和故园的宁静安详形成了对比冲突。

“山一程,水一程”中身心的疲累和“夜深千帐灯”的难以入睡形成了对比冲突。

② 小结:

纳兰性德的词呈现出独特的个性和鲜明的艺术风格,造境别致、格调高雅、清淡朴素，毫无雕琢的痕迹，然笔触细腻直抵人心也。

我国著名的美学家李泽厚先生在复旦大学讲学中国古典文学之美时说，诗词歌赋共同织就了中国古典文学的绝代风华，尤以诗词独领风骚，艳冠其间。

生合作诵读表演：让我们在箫声中，以艺术化的诵读方式向祖国的古典文学致敬。

审美鉴赏活动三　延伸阅读，综合学习

1. 独立完成：背诵并用硬笔和软笔分别书写这首词，完成两幅书法作品。

2. 合作完成：对比诵读清代词人吴琦的《长相思·舟夜》和纳兰的这首《长相思·山一程》，努力找到"长相思"这个词牌的创作规定；并对比两首词的内容和创造的意境，看看谁更胜一筹，做出自己的判断。

【板书设计】

长相思

古典文学　中国词　绝世风华

【精彩片段】

出示：

> 三读：读出词人的心情
> 请同学们细细品读全词。读出了词人怎样的心情(情绪)？
> 从哪些地方读出来的？
> 说一说：把你的感悟说给同学听。
> 读一读：用吟诵传达出这种心情(情绪)。

师：你读出了词人怎样的心情？

生：思念家乡的心情。

师：是的，思念家乡的心情是怎样的？他现在回得去吗？

生：回不去，又想念。

师笑：是啊，回不去，又想得厉害，你再读读，读出了心中怎样的情绪呢？

生：埋怨。

生：无奈。

师：捕捉得很准确，从哪里读出了埋怨和无奈呢？

生：我从上阕中的句子里读出来的。"山一程，水一程"，走了很多路，离家乡越来越远了，心里很不情愿，"身向榆关那畔行"，身体往山海关那边走，其实心在往家乡回。

师：你的心思很细腻，理解得很深刻。大家同意吗？

生：同意。

师：我们已经解决了一个问题，身体和心的方向是反的，一个"身向"，包含着许多无奈。谁接着说？

生：我从"夜深千帐灯"中读出来了。夜很深了，走了一天的路应该很累了，可是好多个帐篷里都亮着灯，说明睡不着啊，明明很累却睡不着，肯定是怨恨的。

师：有道理。谁接着说？

生：我从下阕的句子中读出了埋怨和无奈。"聒碎乡心梦不成"，词人嫌风雪声太吵了，吵得他连做个回家的梦也做不成。

师：是啊，一个"聒碎"，许多怨，一个"梦不成"，又有多少无奈啊。接着说。

生："故园无此声"，也能感受到词人的心情。这个时候，他想到故园没有这样的吵闹声，越发凸显此刻心情的郁闷。

师：嗯，是啊，"故园无此声"，故园有的是什么呢？

生：安静。

师：换一个词更好。

生：宁静。

师：是啊，故园有的是温馨和宁静。那么大家想想，词人说"故园无此声"，他的家乡北京真的无风无雪吗？

生：不是的，家乡也会有风雪声。

师：那为什么说"故园无此声"呢？这个问题有点难，大家讨论讨论。

生：故园也会有风有雪，但是此时此刻，词人心里的故园是一片宁静祥和。

师：说得好，无聒噪之声的是心里的故园，即使故园有风有雪，词人也绝不会用"聒噪"一词来抒写，对吗？

生：对，故园什么都是好的，所以，对比之下，心里的埋怨和无奈就更多了。

师：我们现在来诵读这首词，我相信大家的感觉又不一样了。

生齐读。

师：你们从自己的声音里听到不一样的感觉了吗？

生：听到了，我们自己觉得读得比第一遍要好多了。

师：哦，为什么呢？

生：因为我们理解了词的意思，并了解了词人的心情。

师：的确，进步很大。想读得更好吗？如果想，我们继续往前。

出示：

> 北宋李之仪说长短句"语尽而意不尽，意尽而情不尽"，这也就是王国维所说的"词之为体，要眇宜修"啊！
>
> 词为长调，就像一位美好的女子于花草小道上散步一般，总要走一走，停一停，故而吟哦起来似有"一唱三叹"之感。

师：听老师来朗读，体会一下"一唱三叹"的感觉。

师范读。

师：听出来了吗？这是一种怎样的感觉呢？

生：感觉很有韵味，感情很缠绵的那种。

师笑：对，这样的感觉很准确。"词之为体，要眇宜修"也就是这样的味道，我们一起再来读。

师生齐读。

师：我们还可以读得更好，读出诵读艺术的魅力，跟着老师继续往前。这一次，我们走进词里去，走到词人的身边去。

出示：

> 三读：读出词人的心情
>
> 请同学们走进这首词的时空。随着文字的流淌，随着词人的行程，你看到词人怎样的表现？情发乎于心，而常常显于外。你看到纳兰的神态了吗？你看到他的动作了吗？
>
> 提示：请站在词的留白处想象。

师读"山一程，水一程，身向榆关那畔行"。

师：此刻，你看到纳兰骑在马上，他会有怎样的表情，怎样的动作呢？

生：他一次又一次回头向故乡的方向望去。

师：我也看到了，他在频频回首望故乡，真的只是"身向榆关"啊！

师读"夜深千帐灯"。

师：此刻，你看到纳兰在哪里？他是在外边呢还是在里边呢？他是在高处呢还是在低处呢？他有怎样的表情和动作呢？

生：他站在外边，站在高处，望向远方，一脸的忧愁。

师：是的，登高望远思乡怀人啊！

师读"风一更，雪一更，聒碎乡心梦不成，故园无此声"。

师：此刻，纳兰又在哪里？你看到什么，又听到了什么呢？

生：此刻，纳兰在帐篷里，我看到他躺在床上，翻过来翻过去，还听到他的叹息声。

师：看得真仔细，还有谁看到了？

生：我看到他一会儿躺下，一会儿坐起来，一会儿又在帐篷里走来走去，很烦躁的样子。

生：我看到，他的眉头始终是皱着的。

师：是啊，词的字里行间都是忧愁，都是埋怨，他怨路太漫长，他怨马儿跑得太快，他怨________，他还怨________，他甚至怨________。（学生补充说话）

生：他怨风声太吵，他怨雪花乱飞。

生：他甚至怨灯火。

师：哦，为什么怨灯火？

生：灯火忽明忽暗，让人心绪不宁啊。

师：你们看得仔细，理解得深刻。是啊，“灯”“火”在思乡的诗词里占有非常重要的地位，它往往是和“愁”联系在一起的，如“江枫渔火对愁眠”。

师：我们再来诵读这首词，这次的感觉一定更加接近那时那景那情。

（刘昕执教）

【点评】 这个教学过程是本课教学的难点，也是重点，为了帮助学生表达对词的感悟，以及对词的情感和词的表达特点的把握，教师通过层层递进的诵读要求，不断地推动学生向词的内里一步步进发，而这个推动的过程以学生对自我朗读的完美追求为诱因，是自主而愉悦的“被推动”。整节课就是带着儿童在涵泳诵读中不断流连不断欣赏：一读，初相见；二读，问心情；三读，共情境；四读，赏妙笔。这里的精彩片段呈现学生走进词的内里，走进词人心中的三个层次：读出了怎样的心情；从何处读出——这样的情感以词独有的“一唱三叹”的绵渺缠绵表达出来；试着读出这样的味道——走到词人的身边去，走进那个时空去，你看到了词人在做什么，听到他在说什么。当学生走到第三个层次的时候，这样的联想与想象，已把学生和词人和词融合在一起。他们产生内心的情感共鸣，三者之间有了亲密的关系。引领儿童进入审美情境产生共情是儿童母语审美教育的核心策略之一，而对于如何进入，这个教学过程提供了一种答案。（杨九俊点评）

第二节　有留白意味的浪漫想象

留白是中国艺术的一种表现手法。在书法创作中，为了使整个作品画面、章法更为协调精美，有意留下相应的空白，给欣赏者和创作者本人都留有想象的空间，这就是留白。从艺术的角度说，留白就是以“空白”为载体进而渲染出美的意境的艺术。除了绘画、书法、音乐艺术之外，留白还是文学艺术的表现手法之一，在作品中留有“空白”，给阅读者充分的想象空间从而带来审美愉悦，所谓“不著一字尽得风流”。

留白是教育的一种境界，在儿童生长过程中，成人起到引领的作用，这并非意味着要把成人掌握的一切技术和知识以及社会交往方式灌输给儿童，高明的教育者会给儿童留有充分的自我体悟的空间，此为教育的留白。拥有教育留白的儿童在家庭生活、学校生活和社会生活中都会相应地表现得更好，心理状态更趋稳定。

留白是教学的一种策略。善于留白的学科教师，在架构课堂教学时一定会给儿童提供自我探究的空间。儿童在自我探究的过程中享受着学习带来的乐趣，在不断尝试的过程中体悟逐渐实现目标、接近真理的愉悦。语文课堂教学是以语言文字、文学艺术作品为媒介的学科教学，所以语文课堂教学的留白除了可以实现以上美好愿望，更是给儿童提供了放飞想象的空间，在语言艺术留白处的想象则为儿童的思维生长和创造力发展提供了可能。想象是创造的基础，创造从无开始，也可以认为，创造于留白处发生。

创造力，是人类特有的一种综合性本领。创造力是指产生新思想，发现和创造新事物的能力。它是成功地完成某种创造性活动所必需的心理品质。它是知识、智力、能力以及优良的个性品质等复杂多因素综合优化构成的。一个人是否具有创造力，是区分人才的重要标志。创造新的概念、新的理论、新的技术、新的作品，发明新的设备，使用新的方法等都是创造力的具体表现。创造是一系列连续的复杂的高水平心理活动。它要求人的全部体力和智力处于高度紧张状态，并需要人的创造性思维在最高水平上运行。

真正的创造活动总是给社会带来有价值的东西，人类的文明史实质是创造力的实现结果。创造力既是一种能力，也是一种复杂的心理过程和新颖的产物。创造力具有变通性、流畅性和独特性三个典型特征。具体表现为思维能随机应变，举一反三，不容易受功能固着等心理定式的干扰，因此往往能产生超常的构想或者提出新的观念；能够在较短的时间内表达出较多的观念；对事物具有不寻常的独特见解。此外，创造力与人格特征也有着十分密切的关系，具有较强创造力的人群一般具有以下人格特征：兴趣广泛，语言流畅，反应敏捷，思维严密，幽默直率，自信坦白，给人以浪漫的印象。

对于人来说，创造力不仅是天赋和才能，而且还是一种责任，对民族和历史的责任担当。创造力也并非天生具有，而是教育、培养和实践的成果。创造首先必须是具有丰富创造活动体验的实践过程，其次该实践过程还应该有独创性的成果。一切教育者都应该洞察创造活动的全过程，为促进受教育者创造力发展创造先决条件。培养儿童创造力，首先要激发儿童的求知欲和好奇心，培养儿童敏锐的观察力和丰富的想象力，特别是创造性想象。关于创造有诸多名言，比如梭罗的名言：世界对于有想象力的人来说只是一块帆布；比如波德莱尔的名言：没有创造力，一切官能无论多么健康敏锐，都等于乌有。

对于当下的基础教育改革，“为党育人、为国育才”的重要任务是要做中国立德树人好教师。做中国立德树人好教师一个重要的内涵就是培养儿童的创造力。发展儿童创造性思维可以说正是当下中国基础教育实践过程中的一个软肋。情境教育在发展儿童的形象思维、逻辑思维以及创造性思维方面都作出了重要贡献，尤其是在发展儿童创造性思维方面效果明显，取得了重大突破。情境教育课堂教学中，“真、美、情、思”互为铺垫，形成合力，在真实的学习情境中，以美为境界，以情为纽带，实现思维的生长。儿童母语审美教育的课堂教学，作为语文教师的研究方向和实验，萌芽并生长于李吉林情境教育学派，是情境教育的继承与发展。儿童母语审美教育的课堂操作要义“有留白意味的浪漫想象”则是把语言艺术审美化表达和审美化课堂教学以及审美化的儿童学习统一起来，在艺术作品的留白处设置课堂教学的留白，鼓励并帮助儿童在自由浪漫的想象中逐步走向思维的深处。以统编教材《伯牙鼓琴》一课的教学为例呈现“有留白意味的浪漫想象”给母语教学带来的活力，第二和第三板块的审美活动更是呈现出儿童母语学习中思维生长的美好过程。

课堂呈现:《伯牙鼓琴》审美鉴赏活动设计

【教学目标】

1. 学会写“哉、巍”等7个生字。
2. 正确、流利地朗读课文。背诵课文。
3. 阅读体悟，审美鉴赏，感受知音文化之美。

【课时】

一课时

【审美鉴赏活动】

审美鉴赏活动一　朗读课文，正音畅句

1. 出示学习任务：

> 请同学们朗读这篇小古文。
>
> 要求：借助拼音读准生字；借助注释，理解每句话的大体意思，然后正确断句，把句子读通顺。
>
> 提示：先自己读读，然后在学习小组里相互检查、帮助正音和正确断句。

2. 学生自由朗读，学写生字。
3. 学生在学习小组组长的带领下互相纠正读音，并互相提醒正确断句。

出示：

> **伯牙鼓琴**
>
> 伯牙鼓琴，锺子期听之。方鼓琴而志在太山，锺子期曰：“善哉乎鼓琴，巍巍乎若太山。”少选之间而志在流水，锺子期又曰：“善哉乎鼓琴，汤汤乎若流水。”锺子期死，伯牙破琴绝弦，终身不复鼓琴，以为世无足复为鼓琴者。

4. 师生全班交流，用多种方式朗读课文。

指名学生朗读，及时探讨交流如何断句。

师生分工合作朗读。

学习小组轮读。

出示竖排无标点的原文，学生朗读。

伯牙鼓琴，锺子期听之。方鼓琴而志在太山，锺子期曰：善哉乎鼓琴，巍巍乎若太山。少选之间而志在流水，锺子期又曰：善哉乎鼓琴，汤汤乎若流水。锺子期死，伯牙破琴绝弦，终身不复鼓琴，以为世无足复为鼓琴者。

审美鉴赏活动二 入境想象，体会情感

1. 出示学习任务：

> 请同学们默读课文，根据我们刚才的学习，用自己的话说说课文中每句话的意思，并思考：从课文的哪些地方可以读出伯牙的"善鼓琴"，又从哪里可以读出子期的"善听"？
>
> 提示：自己读读、说说、想想，然后学习小组里交流分享，互相补充。

师生交流。

2. 出示：

> 伯牙鼓琴为何"志在太山""志在流水"？请同学们用心感受，猜想伯牙弹奏时，他的心中有着怎样的画面，由此感知他的心中涌动着怎样的情感和志趣。
>
> 子期听懂的只是伯牙的琴艺吗？更重要的是，他从琴声中听懂了什么？如果你就是子期，请对伯牙说几句话。

出示：

> 高山仰止：原出于《诗经·小雅·车辖》。高山仰止，景行行止。高山，喻高尚的德行。景行，比喻行为正大光明。有喻以"崇高的品行"之意。
>
> 上善若水：语出《老子》。指的是，至高的品性像水一样，泽被万物而不争名利。水有滋养万物的德行，它使万物得到它的利益，与人无争且又容纳万物。

3. 有着如此修养和情操的伯牙还有可能会弹奏哪些事物呢？（明月、清风……）子期又会如何表达呢？用上这样的句式说说看。

出示：

> **伯牙鼓琴**
>
> 伯牙鼓琴，锺子期听之。方鼓琴而志在（　　），锺子期曰："善哉乎鼓琴，（　　）若（　　）。"少选之间而志在（　　），锺子期又曰："善哉乎鼓琴，（　　）若（　　）。"
>
> 明月、清风、苍松、翠竹、寒梅、幽兰……

出示：

《列子·汤问》中也有这个故事，是这样记述的。

> 伯牙善鼓琴，锺子期善听。伯牙鼓琴志在高山，锺子期曰："善哉，峨峨兮若泰山。"志在流水，锺子期曰："善哉，洋洋兮若江河。"伯牙所念，锺子期必得之。子期死，伯牙谓世再无知音，乃破琴绝弦，终身不复鼓。
>
> ——《列子·汤问》

4. 伯牙终于得一知音，他会有何表现？又会激动地说些什么呢？

5. 从此以后，伯牙和子期有了约定，他们相约第二年的春天在此相逢。如果你是伯牙，带着这份念想，每当你独自弹琴的时候，你的心里都会想些什么呢？

要点：

每当我弹起琴的时候，我的心情都会非常愉快，我知道等我弹给子期听时，他一定能和我心心相印，一定能听懂我的琴音。

我的心里充满期待，我期待和子期相遇时那份心有灵犀，我期待子期和我同聊我琴音中的画卷，我琴声中的情感。

是啊，当我的琴声志在高山，只有子期能懂我啊，只有子期才能听出——巍巍乎若太山。

当我的琴声志在流水，只有子期能懂我啊，只有子期才能听出——汤汤乎若流水。

6. 小结：能听懂琴艺高超的未必是知音，能听懂心中志向、心中情操的才是知音啊。

师生合作诵读课文，读出"巍巍乎若太山""汤汤乎若流水"的舒朗开阔之境界，读出高山流水之情志。

审美鉴赏活动三　拓展想象，升华情感

1. 出示学习任务：

> 请同学们再次朗读课文，思考：子期死后，伯牙为何破琴绝弦，终身不复鼓琴呢？
>
> 提示：细细品读课文，回忆伯牙、子期相遇后成为知己的情景和他们的心情。
>
> 想一想：就在伯牙内心充满欢喜赶去和知音相会时，却听到了子期的死讯。你能用哪些词语形容伯牙那时的心情呢？
>
> 读一读拓展阅读资料中的相关内容。

2. 师生全班交流分享。

提问：就在伯牙内心充满欢喜赶去和知音相会时，却听到了子期的死讯。你能用哪些词语形容伯牙那时的心情呢？

出示：

> 《俞伯牙摔琴谢知音》节选：
>
> 伯牙诵云："忆昔去年春，江边曾会君。今日重来访，不见知音人！但见一抔土，惨然伤我心！伤心伤心复伤心，不忍珠泪纷！来欢去何苦，江畔起愁云。子期子期兮，你我千金义，历尽天涯无足语。此曲终兮不复弹，三尺瑶琴为君死！"
>
> 伯牙于衣夹间取出解手刀，割断琴弦，双手举琴，向祭石台上用力一摔，摔得玉轸抛残，金徽零乱。锺公大惊，问道："先生为何摔碎此琴？"伯牙道："摔碎瑶琴凤尾寒，子期不在对谁弹！春风满面皆朋友，欲觅知音难上难。"

提问：现在你能理解子期死后，伯牙为何破琴绝弦，终身不复鼓琴了吗？说说你的想法。

要点：

世上再无子期听我的琴声，便再无人能听懂我的琴音了，再无人能理解我的志向了，既无人能懂，何必再弹呢？

出示课文后的资料袋：

> 由于这个传说，人们把真正了解自己的人叫作"知音"，用"高山流水"比喻知音难觅或乐曲高妙。
>
> 我国古诗常提及伯牙、锺子期的传说，如：
>
> 锺期一见知，山水千秋闻。——孟浩然《示孟郊》
>
> 锺期久已没，世上无知音。——李白《月夜听卢子顺弹琴》
>
> 故人舍我归黄壤，流水高山心自知。——王安石《伯牙》

是啊，知音少，弦断有谁听啊！故人舍我归黄壤，流水高山心自知。留着这琴也毫无用处了！《伯牙鼓琴》文章虽短，却把知音相逢、相知、相离的经过和情感表达得真挚动人，我们一起来诵读这篇文章，以此致敬这段知音佳话！

5. 师生合作，有感情地诵读（背诵）课文。

【板书设计】

伯牙鼓琴

子期善听

高山流水　知音难得

【精彩片段】

师：请同学们再次朗读课文，想一想：子期死后，伯牙为何破琴绝弦，终身不复鼓琴呢？想要回答好这个问题，老师建议大家细细品读课文，想象伯牙、子期相遇后成为知己的情景和他们的心情；读一读拓展阅读资料中的相关内容。

师出示相关资料（课文后的资料袋）。

生独立阅读课文和资料袋并思考。

生在学习小组里按照学习任务中的提示说出自己对课文最后一句话的理解。

师：刚才我们在小组里讨论得很热烈，现在，我们先来想象一下，当伯牙听到子期对自己琴音的解读和赞叹时，心情是怎样的？伯牙有可能会激动地说些什么？谁先来分享？

生：当伯牙听到子期不但赞叹自己的琴艺高超，还能听出自己琴声中如高山流水般的志向和情操的时候，他无比激动。他大声地对子期说："知音啊，知音啊，我伯牙终于在有生之年遇到了你这个知音，我真是不枉此生了！"

师：是啊。谁接着说？

生：伯牙对着高山流水说："高山啊，流水啊，你们听到了吗？能听懂我俞伯牙琴音的人就在眼前，我终于等到他啦！"

生：俞伯牙不仅激动异常，他还非常感动，欣慰，他可能会对子期说："谢谢命运对我不薄，在我以为此生无一人能懂我琴声的时候，子期你出现了，这世界只有你能听懂我，理解我，从此我伯牙再不会孤独，我伯牙终于有可以为之弹琴的人了，感谢你呀，子期！"

师：是啊，世间得一知己真不容易啊！满天下知心的能有几人啊！真是高山流水遇知音！

师：从此以后，伯牙和子期有了约定，他们相约第二年的春天在此相逢。如果你是伯牙，带着这份念想，每当你独自弹琴的时候，你的心里都会想些什么呢？

生：每当我弹起琴的时候，我的心情都会非常愉快，我知道等我弹给子期听时，他一定能和我心心相印，一定能听懂我的琴音。

生：我充满期待，我期待和子期相遇时的那份心有灵犀，我期待子期和我同聊我琴音中的画卷，我琴声中的情感。

师：是啊，当我的琴声志在高山，只有子期能懂我啊，只有子期才能听出——

生齐读：巍巍乎若太山。

师：是啊，当我的琴声志在流水，只有子期能懂我啊，只有子期才能听出——

生齐读：汤汤乎若流水。

师：可就在内心充满欢喜赶去和知音相会时，却听到了子期的死讯，你能用哪些词语形容伯牙那时的心情呢？

生：悲痛欲绝。

生：撕心裂肺。

生：晴天霹雳。

生：肝肠寸断。

……

师：是的，他仰天长哭，痛断肝肠。同学们自己读一读这段资料。

师出示《俞伯牙摔琴谢知音》节选。

师：听老师读读这个故事。

师：现在你能理解子期死后，伯牙为何破琴绝弦，终身不复鼓琴了吗？说说你的想法。

生：世上再无子期听我的琴声，便再无人能听懂我的琴音了，再无人能理解我的志向了。既无人能懂，何必再弹呢？

师：理解得深刻。是啊，知音少，弦断有谁听啊！故人舍我归黄壤，流水高山心自知。留着这琴也毫无用处了！《伯牙鼓琴》文章虽短，却把知音相逢、相知、相离的经过和情感表达得真挚动人，我们一起来诵读这篇文章，以此致敬这段知音佳话！

（刘昕执教）

【点评】 这个教学片段完整地呈现了第三板块的课堂实践过程。这个片段也正是帮助学生理解文章难点的呈现。我们从片段中看到了学生在想象中不断体悟，直到情感爆发。教与学、文与人产生了强烈的共情。（袁炳飞点评）

第三节　有开放意味的话题互动

话题互动的本质即为对话，有开放意味的话题互动即为就开放的话题展开开放的对话。人类存在的本质是对话。教育是人类社会共生、共存的现象。教育的本质也是对话。对话是一种平等、开放、自由、民主、协调、富有情趣和美感、时时激发新意和遐想的交谈。从某种意义上说，交谈包含着对话，更准确地说，对话是交谈最完美的表现形式。既然教育是人类存在的现象之一，人类的本质是对话，教育的本质也就是对话。教育与思想、艺术、语言、理性、道德等方面具有密不可分的关系，反过来，教育促进思想、艺术、语言、理性、道德的发展。思想的本质是对话的。现实生活告诉我们，一种新的思想是在旧的思想的对话和交锋中产生的，当它既能向别的思想挑战，也能接受别的思想挑战时，这种思想就总是生气勃勃和充满活力的。如果一种思想把自己树为绝对的权威，把自己凝固起来，不容许有别的思想，不容许有别的声音，拒绝同别的思想交锋和对话，那么这种思想肯定会走向僵化和消亡。

由此可知，文学艺术的本质也是对话的。因为文学艺术通过塑造活生生的、具体鲜明的艺术形象来反映社会生活、表现作者思想感情。对文学作品的阅读本质上是审美事件。审美事件应当是作者、主人公和读者三者的对话关系。作者要同作品中的主人公对话，要和读者对话；读者又要和主人公对话，和作者对话。文学审美事件所体现的对话，又可以有三种对话关系。一是作者同前辈作家的对话。就是说，作家在写某一类题材的作品时总会考虑前辈作家在同一题材上已经做过什么，是怎样表现的，两代作者之间已经展开了对话。这也就是我们在对学生进行语言教学的时候，往往也会把不同时代的相同题材作品归并在一个阅读单元内进行阅读教学的原因之一。二是作者和读者展开对话。当读者展开作品开始对作品进行阅读时，两者的对话就已经发生，读者对作品的认同或者批评实质上就是读者和作者之间的对话。三是读者和作品形象展开的对话。读者进入作品内部产生某种共鸣或对自身生活的某种联系、观照，无一不是读者和作品形象之间的对话。

语文学习的对象是语言，语文学习的客体介质是语言。语言的本质也是对话的。海德格尔说“语言是存在的家”。的确，人不可能离开语言存在，人不可能离开言语的交往存在。反之，离开了人与人的交往和对话，语言也就不可能存在。语言只能存在于使用者之间的对话交际之中，对话交际才是语言的生命真正所在之处。语言的整个生命，不论是在哪个领域（日常生活、公共交往、科学、文艺等等）里，无不渗透着对话关系。语言的本质是对话，对话让语言活着。教育不可能离开语言而存在。教育的生命依赖于语言，教育通过语言把人引向世界，引向历史，引向文化，引向传统，建立人与世界有意义的牵连，在这样一种有意义的牵连中去构建个体有意义的人生。教育通过语言引导人与世界交往，理解世界，理解人生的价值和意义。教育通过语言的渗透和引导，使个体在语言中凭借语言建构属己的精神历程。语言是一个先于我们每一个人存在的人文世界，经验和传统都在其中。人领略语言中的价值和意义的程度决定了他能在何种程度上启发人生的意义，实现人生的精神架构，意味着个体享受到何种程度的教育。教育发生在语言中，教育也呈现在语言中，语言让教育活着。语言的本质是对话，教育的本质就是对话。

课堂教学应该是互动的，教学是双向的互动课程。教学是关系，不是实体的组合。教学一定是教师和学生互动，并化为一体的活动。教师不再是教师，教师是称作教师的学生，学生是称作学生的教师。陈寅恪先生认为，有自己独立精神和自由思想的，才称为人。善于提炼自己的思想，善于表达自己思想的人才可能做到这样。对话的教学才有可能实现思想的生长。对话教学是民主的、开放的教学，是以人为本的教学。教师与学生之间、学生与学生之间、师生与文本之间都是对话关系。学生与教师之间不是传统认识论中的主客体关系，而是一种意义关系，是“我”和“你”的平等对话关系。学生在已有智力结构的基础上，通过与课程的对话把新的知识融入已有智力结构之中，逐渐拥有获得新的知识和发展智力的能力。

对话教学中的师生关系，是一种民主、平等、和谐的关系。从知识的角度讲，教师和学生只是知识的先知者和后知者的关系，不存在尊卑关系，不应该让教师以知识的名义自称权威。从情感的角度讲，每一个学生在人格上都是独立的，他们有着自己独特且丰富的内心世界和情感，因此师生之间的对话是具有独立人格的双方真诚的交流。对话教学中的教师和学生的身份意识将逐渐模糊，既没有完美的无所不知者，也没有完全的一无所知者，存在的是“教师式的学生”和“学生式的教师”，是一些共同努力获得新知的人。师生的对话以尊重、信任、平等、宽容、爱为基础。当然，在这里我们要厘清的是，对话教学中的主体平等不是指在体力、语言、心理、社会、文化和政治特性上的平等，因为教师和学生作为两种身份，两种年龄层次和不同社会角色的人，在诸多方面是不具有平等性的，对话的平等指的是对话过程中参与的平等。在对话教学过程中，师生双方都敞开自己的精神世界互相倾听和言说，实现精神的交流。

对话教学并不排斥学生对知识的掌握，也不会影响学生对知识的掌握。传统教学实际上以传授知识为教学第一目的，这就导致了教师无疑会沦为传授知识的工具，学生自然沦为接受知识的容器。师生成了知识的奴隶，被知识绑架，绝不可能焕发生命的活力。对话教学，以师生心理世界的开放为特征，以互动为方式，通过双方的语言交融、心灵交流，师生双方不仅从对话中获得了知识，而且提升了精神。教学中的对话是在一定情境中讲求效率的交谈，是教师和学生之间，学生和学生之间，学生和教材之间的真诚倾听和诉说，是人格平等的心灵交汇，是情感撞击、思维碰撞的灵性生长之地。

判断一种教学是不是真正意义上的对话教学，关键要看教育者的教育意向与教育过程互动的实质。真正的对话教学中的对话，发生在双方自由的探究或自发的讨论中，发生在双方精神上真正的相互回应与相互碰撞中，发生在双方认知视界的真正融合中。对话教学是师生交往的、互动的、合作的教学，充满着无穷的可能性，洋溢着生命勃发的色彩，富有无穷的魅力。课堂因为对话使师生获得心灵享受，成为审美实践。

实现审美课堂的方式有很多种，首先是必须创设语文课堂的情境，形成一个语言审美的空间，根据不同的阅读文本，创设的方式各不一样，然而实现审美课堂的一个重要且不容回避的路径就是找到带领儿童入审美之境的入口，并能够循着一条适合的道路顺畅地感受文本言说的情感与理趣。美的课堂一定表现为：儿童灵性的舒展；师生与作品的水乳交融；师生对话的和谐氤氲；师生因共沐母语精神所显现的文化气质。美的语文课堂不是浅显地展示教学形式的美，她是以更自由的态势让儿童主体学习得以更好地实现，使语文课堂成为儿童愉悦的精神之旅，使语文学科教学走向审美的理想。美的语文课堂一定能够发展儿童的母语情感和能力，让儿童的语言素质从潜在可能变为实践中的现实，让语文承载的人类文明真正滋养儿童，让文化催生儿童的人格成长。美的语文课堂上，语言学习中的道德与审美因素渗入到儿童的心田。人们的性情在文学作品意境的甘泉中得到养育，这种如鱼得水似的欢乐为师生共同拥有。然而，由于教材语言是被隔离的情境符号，让学生走向自由精神享受的语文教学，必须经过教师的引领，包括对文本的解读，教学方式方法的探究，关注语文习得过程中的儿童学习状态和方式等，用审美的方式带领孩子入语文言说之境，以此获得自由的语文生活。

有开放意味的话题互动，是基于有助学生心智成长的民主对话。民主平等是对话的首要条件，没有民主平等，师生就不可能进行真正意义上的对话。小学语文课堂中师生民主平等的对话，能够非常有效地引领孩子进入学习场境。这主要表现在师生对话中教师的评价（包括表扬和批评）中肯、适切、有温度，一切言语交往都能给学生心智成长带来帮助。

“开放”作为一个具有审美意味的动词时，在课堂教学中表现为洋溢着自由的思想、自由的表达方式和表达空间；“开放”作为一个具有审美意味的形容词时，在课堂教学中则表现为师生民主、自由、高质量的对话，思维充满创造性和精神高度愉悦。在引领儿童对文本进行审美鉴赏时，教师提供或者师生共同提炼若干具有对话价值的话题，进行开放的、具有思想解放意味的互动，便可以让学习过程成为学习主体对学习客体主动探索，不断改进已有的认识和经验，建构自己认知结构的过程。在以教师的理解、宽容、鼓励和学生的热情共同构筑的对话平台上，在民主、自由、活泼的氛围中，师与生、生与生互教互学，在交流碰撞的实践中明白了怎样写具体，逐步提高表达能力，形成真正意义上的学习共同体。学生在对话中感受到心灵成长的幸福，感受到自己存在的独特价值。师生其乐融融，共同沐浴在学习场域中分享课堂的生命活力。我们以统编教材《匆匆》一课为例，呈现有开放意味的话题互动教学现场。

课堂呈现:《匆匆》审美鉴赏活动设计

【教学目标】

1. 学会本课生字词。

2. 了解课文内容，体会作者对时光流逝的感受，并能够读出怅惘、忧伤和希望的情感，并背诵课文。

3. 抓住关键语段，欣赏作者表达情感的方法。

4. 仿照第3自然段，表达自己对时光流逝的感触。

【课时】

两课时

【审美鉴赏活动】

审美鉴赏活动一　初读课文,分类学词

1. 出示学习任务:

请同学们朗读朱自清先生的散文诗《匆匆》,读准生字词,读通句子。

提示:

(1) 圈画出生字词,并画出词语所在的句子,认真读读,想想词语在句子中的意思。

(2) 学会生字的书写。

2. 出示生字词所在的句子。

又藏在何处呢?

太阳他有脚啊,轻轻悄悄地挪移了,我也茫茫然跟着旋转。

在八千多日的匆匆里,除徘徊外,又剩些什么呢?

过去的日子如轻烟,被微风吹散了,如薄雾,被初阳蒸融了。

我赤裸裸来到这世界,转眼间也将赤裸裸地回去吧?

(1) 朗读这些句子。

(2) 学生汇报生字的难写笔画和注意点。

要点:"藏"中的"臣"字要写准确;"蒸"不能漏写"丞"字的一横。

(3) 提问:如果要把这些词语所在的句子按照一定的规律分成两组,你觉得应该怎么分呢?

要点:一组是写时间的,一组是写"我"的。

(4) 说说这些词语在句子中的意思。

审美鉴赏活动二　默读课文,理清脉络

1. 出示学习任务一:

默读课文,想一想课文主要表达了什么。

(1) 学生自由阅读并相互交流。

(2) 指名回答。

要点:时光流逝的无情让人感到惆怅与不安;我们要珍惜时光,有所作为。

2. 出示学习任务二:

默读课文,想一想课文的每一自然段写了什么,它们之间有怎样的联系。

(1) 学生自由阅读,并在学习小组讨论交流这两个问题。

(2) 指名大组交流。

要点:

第 1 自然段以平常所见的景物为引子,引出了时间去哪里了的自我发问。

第 2 自然段回顾已经流逝的岁月,感到深深的不安。

第 3 自然段把时间流逝的状态赋形在太阳光的移动上，把伤感的情怀也寄托在此，并回答了第 1 自然段的设问。

第 4 自然段发问“我能做什么？”并展开思考，又以紧接着的 5 个问句对过去进行反省，也对未来产生希冀。

第 5 自然段再一次发问，和开头呼应，营造了文章的圆融结构之美，也进一步引发思考。

审美鉴赏活动三　话题互动，欣赏特色

1. 出示学习任务：

请同学们细细品读课文，思考：你从文中的字里行间读出了作者怎样的情感？你从哪里捕捉到了这份情感？为何如此感人？

提示：找找文章中给你印象最深的地方，或者是最有特点的地方。

2. 学生自由朗读，并细细体会，作适当批注。

3. 学习小组内交流分享。

4. 指名代表班级交流。

(1) 分享第一个话题：你从文中的字里行间读出了作者怎样的情感？

要点：对时间匆匆流逝的惆怅、伤感、希望。

(2) 分享第二个话题：你从哪里捕捉到了这样的情感？

要点：

① 第 1 自然段中开篇的排比句和后面的一连串问句形成了对比，让我们体会到作者对时间流逝的不安。

② 第 2 自然段中的“八千多个日子”这样的数字和打比方的句子，让人心惊不安。

③ 第 3 自然段中的排比句非常形象生动地通过阳光的移动，把一天匆匆而过写了出来，字里行间能看到时间的流逝之快，时间的无可挽留令人无奈。

④ 第 4 自然段中的连续 6 个追问，让我们体会到其中的不安、懊悔以及希望。

(3) 分享第三个话题(欣赏写作特色)：为什么我们在朗读的时候如此感动？作家是怎么做到的？

要点：

① 第 1 自然段中的对比。

② 第 2 自然段中的打比方。

③ 贯穿全文的 11 个问句，有着震颤人心的力量。

④ 第 3 自然段形象生动的排比，把抽象的看不见的时间流逝赋形在阳光的挪移上，每一点流逝都清晰可感。

于人们忽略的地方，加倍地描写，使你于平常身历之境，也会有惊异之感。

——《山野掇拾》

(4) 仿照课文第3自然段练笔。

提示：你对时间的流逝有什么感触？学习大作家“于人们忽略的地方，加倍地描写”。

审美鉴赏活动四　诵读表演，反复回味

1. 出示学习任务：

这是一篇非常优美的经典散文诗，这样真挚的情感，美妙的语言，让我们通过朗读再次表现。

今天，我们都是“朗读者”。请同学们细细体会本篇散文。你觉得怎样读才能完美表达作家的情感呢？

提示：

(1) 读好11个问句。

(2) 读好句子中的关键词。

(3) 朗读时要带着自己的理解，融入自己的感情。

2. 学生独立琢磨并朗读。

3. 学习小组内分享交流并有组织地进行朗读表演。

4. 师生合作多形式朗读。

(1) 师生问答式朗读。

(2) 师生分自然段接龙朗读。

(3) 师生分工合作领诵＋齐诵。

5. 欣赏中央电视台《朗读者》节目中康辉朗诵的《匆匆》。

(1) 谈谈欣赏后的体会。

(2) 调整、修正自己的朗诵。

6. 品味课题的含义。

提问：此时此刻，你对课题“匆匆”是怎样理解的？

7. 集体朗诵表演。

【板书设计】

8　匆　匆

真情实感⇦表达精妙

惆怅、伤感、希望

打比方
形象化
层层设问
首尾呼应

【精彩片段】

师：你从文中的字里行间读出了作者怎样的情感？

生：对时间匆匆流逝的惆怅、伤感。

师：有补充吗？是不是只有惆怅和伤感呢？再读读课文。

生：还有对未来时光的珍惜和希望。

师：你从哪里捕捉到了这样的情感？说说你的想法。

生：课文中有直接表达情感的句子，比如"我不禁头涔涔而泪潸潸了"。

师：是的，这是课文中不多的直接表达情感的句子，从这个情态中，你感受到了怎样的情感呢？

生：不安甚至是害怕。

师：感受很真切。这样直接表达内心感受的句子，课文中还有，谁发现了？

生："我掩面叹息，但是新来的日子的影儿又开始在叹息里闪过了。"从叹息里我感受到了失落、惆怅的情感。

师：是啊，时光匆匆闪过，不为任何人停留，一声叹息，几多伤感。还有这样的句子吗？

生："但不能平的，为什么偏要白白走这一遭啊？"

师：从这句话中，你读出什么情感了呢？

生：心中不平。

师：哦，不平的是什么？心为何不能平？这里的"平"作何解？

生：我认为这里的"平"指的是"平静"，"不能平"是说心不能平静。

师：为何不能平静？

生：不愿意蹉跎岁月，浪费时间，白白过一生。

师：嗯，有道理。对这里的"不能平"有没有不同的理解？

生：我觉得有"心意难平，不服气"的意思。

师：哦，你是如何理解的？说来听听。

生：我反复读这句话，可以这么理解：我为什么要白白在这个世界上走一遭呢？我不甘心在这个世界上白白地走一遭。

师生掌声：是啊，心有不甘，无法平静。我们一起来读读这句话，体会体会。

师生齐读："但不能平的，为什么偏要白白走这一遭啊？"

师：这里传达的情感只是悲伤、失落、惆怅吗？有没有多点什么？

生：这里有希望，有期待。

师：是的，你的感受很深刻。

出示补充资料：

《匆匆》作于 1922 年 3 月，正是五四运动处于低潮，作者思想十分苦闷的时期。这时，他由于"看不清现在，摸不着将来"（《转眼》），徘徊于人生十字路口，感到无限空虚与惆怅。但朱自清正如叶圣陶所说,“并非玩世,是认真处世”的人(叶圣陶《与佩弦》)。他不愿虚度年华,在风尘中老去,在给俞平伯的信中说:“日来时时念旧,殊低徊不能自已。明知无聊,但难排遣。‘回想上的惋惜’,正是不能自克的事。因了这惋惜的情怀,引起时日不可留之感。我想将这宗心绪写成一诗,名曰《匆匆》。”不愿蹉跎青春,浪费时日,虽彷徨而仍思有所作为,《匆匆》抒写的就是这种心境。

师:这篇文章最动人之处还在于作家把真情实感寄托在独特的表达方式上。请同学们再次默读课文,找到那些让你为之动容的句子,那些不直接抒发情感却情感流淌的文字。

生:第 1 自然段中“燕子去了,有再来的时候;杨柳枯了,有再青的时候;桃花谢了,有再开的时候”,和后面的一连串问句形成了对比,让我们体会到作者对时间流逝的不安。

师:是的,同学们来读前面的排比句,老师来读后面的问句,感受一下这样对比的妙处。

师生对读。

师:继续分享,谁接着说?

生:第 2 自然段中的“八千多个日子”这样的数字和打比方的句子,让人心惊不安。八千多个日子竟然如一滴水落入大海,无声无息,二十六年的光阴竟然就这么流逝了。

师:这数字,这比方,让我们也感到了不安和害怕,丢了的日子再也不会回来。请你抓住关键词语,读出时间流逝的迅速与无情,读出这份深深的不安。

生:第 3 自然段中的排比句,让我们看到一天的时间匆匆流逝的样子。

师:哦,是吗? 这时间流逝的样子你如何看到呢?

生:作家把时间的流逝通过阳光的移动,把一天匆匆而过写了出来,从阳光的移动中,就能看到时间的流逝之快,时间的无法挽留令人无奈。

师:为你点赞,这里形象生动的排比,把抽象的看不见的时间流逝赋形在阳光的挪移上,每一点流逝都清晰可感。“于人们忽略的地方,加倍地描写,使你于平常身历之境,也会有惊异之感。”读来让人心惊和深深不安。

师:大家自己读读看,你觉得怎么读可以把这感受读出来呢?

生:我觉得要把这排比句读得快一些,一句追一句地读,可以读出时间流逝的迅速和我们内心的不安。

生:读的时候突出几个表现时间飞速流逝的动词:“跨过、飞走、溜走、闪过”。

生:还要读好表现太阳无声无息溜走的短语,“轻轻悄悄地挪移”,“伶伶俐俐地跨过”。

师:都很有见地,让我们好好地读。

师:你对时间的流逝有什么感触? 仿照第 3 自然段也来写一段,学习大作家“于人们忽略的地方,加倍地描写”。

生练笔并交流。

师：你们还从哪里读到了作者的情感，并体会到作家写作的精妙？

生：我从第 4 自然段中连续 6 个问句，体会到作家对时间流逝的不安、懊悔和希望。

师：你怎么读好这 6 连问，传达你的理解呢？读读看。

生朗读问句。

师：我们试着把这 6 个问句改成陈述句。

师生交流后，出示改成陈述句的一段话，师生展开和原文的对比朗读。

师：作家的高明在哪里？通过我们刚才的对比朗读，感受到了吗？

生：感受到了，一连串的发问，情感更加强烈，声声发问直击我们的心。

（刘昕执教）

【点评】 这个片段呈现的是课堂教学重难点突破的部分。以层层推进的话题互动，把理解课文内容、体会作者情感和如何表达情感三个目标几乎没有缝隙地融合在一起，让我们看到了学生“理解—朗读—理解”的过程。学生的思维水平在层层深入的品鉴中明显提升。（唐铁生点评）

第四节　有辨析意味的感悟升华

对于语文学科，我们不仅仅是在教文学作品和文学知识，更重要的是建构以学生为中心，全面关注学生感受和体验的教学模式。因为文本根本无所谓确定性和未定性，一个文学事实就是一个反应事实，文学存在于读者心中。作家、作品和读者三者之间，读者活动不是被动接受，而是一种创造。作品的审美价值只有在阅读的过程中才能体现。在阅读的过程中，作家、作品和读者呈现互动关系。但是事实上，在当下很多的阅读教学课堂，学生的体验和感受几乎被搁置一边，教师成了学生的代读者。这种没有得到彻底改变的灌输式教学，使学生失去了与作品交流的内在动力，剥夺了学生对文学的最初好奇，使学生失去了自我发现的机会。以教师的阅读感受代替学生的阅读感受，毫无新意，且弊大于利。

因此，儿童母语审美教育提倡以读者反应批评理论的阅读教学方式作为课堂教学变革的方向，让儿童站在课堂中央的在场阅读是儿童阅读教学的应然状态。只有这样，我们的语文阅读课堂才有可能从“知识内容”讲授向“学生感受和体验”转移。我们的教学才会关注学生而并非关注教师解读，从而在阅读教学中培养学生独立思考的学习习惯和批判性思维的能力。有辨析意味的感悟升华由此成为儿童母语审美课堂的操作要义。

儿童阅读作品时，一定会有自己的阅读感受。儿童带着自己已有的阅读经验、阅读感受主动接纳甚至同化他们的阅读对象。在很大程度上，儿童作为读者塑造了作品，正如弗莱所认为的那样，作者带来词语，读者带来意义。举个世界文学史上典型的例子：哈姆雷特是世界文学史上的一个经典人物形象。他为什么会成为经典？是因为“一千个读者就有一千个哈姆雷特”。读者所处的时代不同，对同一个文本的解读也会不同，就这样，不同时代的读者在各自独立的理解基础上相互交汇、对话、融合，新的理解得以不断产生，从而塑造了经典作品或经典形象。罗森布拉特认为文学作品的存在是通过作者和读者之间的沟通来实现的，无人阅读的作品等于不存在。

以此观照儿童阅读教学，我们可以这样理解，儿童阅读教学是引领儿童阅读文本，通过他们自己的情感、想象、经验等心理活动对文本进行再阐释的过程。在这个过程中，教师始终要让儿童和文本进行了无罅隙的亲密接触，找寻到帮助儿童进入文本内在的路径，一旦教师提供了这样的路径，儿童沉浸在与文本交流对话之中，教师则悄然退出，只需要耐心地陪伴和适当地帮助。基于儿童学习的特征和我们母语（这里特指汉语文）表达的审美特质，我们设计儿童在场的阅读教学方式，让读者（儿童）带来作品的意义，从而使儿童在作品阅读中提升母语阅读和母语表达的能力。在这个教学的过程中，怎样才能让儿童赋予作品意义并同时让作品提升儿童的理解、感悟能力呢？我们需要给儿童提供一个思辨的机会，也就是给儿童提供思维起飞的跑道。在儿童对文本有了几个来回的阅读基础上，设计具有深度思维的辨析学习场。设计的问题必须特别具有思维冲突、思维碰撞的价值，有对文本人文主题的思考，有对文学作品表达方式的赏析。基于这些，儿童母语审美教育的课堂上，常常会出现对作品特别具有审美价值部分的对比阅读，比如：同主题作品不同表达方式的对比；同主题不同体裁的对比；一般习作和作家作品的对比。另一种常常采用的辨析感悟方式是辩论，就作品的内涵或写作方法进行适度辩论，儿童在有意味的辩论中越来越接近文学作品的审美价值，思维越来越走向深处，在课堂现场就能看到儿童思维的生长。此外，有辨析意味的课堂往往会从文学作品中提取最具有代表性的一个审美角度，设计引起全篇阅读与思考的主话题，贯穿整个鉴赏的过程，儿童思辨感悟逐步升华。在《田忌赛马》同课异构的活动中，有辨析意味的感悟升华推动儿童经历了一次文化的洗礼，课堂呈现和其他所有教学课堂有明显的差异，这个差异在活动现场引起了不小的轰动。儿童经历的语文课堂生活充满了生机，思维的生长和文化的生长同步站立，在同课异构的比较中看到了儿童母语审美教育的力量。

课堂呈现：《田忌赛马》审美鉴赏活动设计

【教学目标】

1. 引导学生通过语言实践活动对成语故事《田忌赛马》进行鉴赏性阅读，发现成语故事情节设置和人物形象描写的表达特点。

2. 激发儿童热爱历史、追寻历史的兴趣和树立民族文化自信。

【教学时间】

两课时

【审美鉴赏活动】

审美鉴赏活动一：了解成语故事的基本常识和故事发生的历史背景

成语故事是我们祖国特有的文学样式，是中华文学宝库中独特的灿烂明珠。她属于中国，是中国智慧的体现。她们都是有根的，她们都有生长的来处，有文化的渊源。

成语故事的基本分类：

1. 寓言成语故事：滥竽充数、画蛇添足、守株待兔……
2. 历史成语故事：纸上谈兵、四面楚歌、背水一战……
3. 神话成语故事：精卫填海、开天辟地、女娲补天……

提问：通过预习，你知道《田忌赛马》属于哪一类呢？（历史成语故事）

要点：这个故事发生在春秋战国时期，更准确地说，发生在战国时期。今天我们学的这篇文章是根据司马迁《史记·孙子吴起列传》相关内容改写的，这里的孙子指的是孙膑，著有《孙膑兵法》。

《史记》，二十四史之一，是西汉史学家司马迁撰写的纪传体史书，是中国历史上第一部纪传体通史，记载了上至上古传说中的黄帝时代，下至汉武帝太初四年间共3000多年的历史。

《史记》被列为二十四史之首，对后世史学和文学的发展都产生了深远的影响。《史记》还是一部优秀的文学著作，在中国文学史上有重要地位。鲁迅先生评价："史家之绝唱，无韵之《离骚》。"有很高的文学价值。（配《史记》的书）

审美鉴赏活动二：阅读欣赏人物智慧之"美"

每一个成语故事都是很有意思的，不但小孩子们喜欢，成人也会被其中的智慧和故事的情节深深吸引。故事中的那些人物也都是生动的，读着读着，你便更觉其中的味道了得。

请同学们自由阅读课文，想一想：课文中的三个人物怎么有意思？他们的哪些表现让你觉得有意思？（好玩、有趣、聪明……）

提示：按照故事发展的顺序去寻找、体会、交流。

学生先在学习小组交流。

大组交流汇报。

汇报顺序：孙膑、田忌、齐威王。

按照顺序出示课文第一部分(1—8 自然段)、第二部分(9—14 自然段)、第三部分(15、16 自然段)。

要点：

1. 关于孙膑：

(1) 指导好第一段的对话朗读；先不说，显得很神秘的样子，到比赛的时候才说。

(2) 出示书后的战术图，连线。(大智慧)

(3) 情境对话：采访孙膑：您是怎么想的？

2. 关于田忌：

(1) 关注第一场、第二场、第三场比赛时的表现。

(2) 情境对话：

采访：将军，您怎么一点儿也不着急？

将军，您为何只是微微一笑，您想什么呢？

将军，您终于满意地笑了，您此刻最想对谁说点什么？

3. 关于齐威王：

(1) 语言：好奇地问。

(2) 行动：任命孙膑为军师。(善于纳谏用贤)

指导朗读。

审美鉴赏活动三：阅读欣赏故事情节曲折之"美"

请同学们快速浏览课文，你觉得这个编者在按照故事发展的顺序写时，用了什么"巧心思"，使故事显得很有意思？

提示：找找有悬念的地方。

审美鉴赏活动四：用艺术的方式讲好故事

请同学们用"说书"的方式来讲讲这个故事。

提示：说书是一种综合性的语言表演艺术，有很多的规范和要求。今天，我们就学好其中的一个要素：通过语言的感染力讲好人物的动作、神态、语言。说书时对课文中的相关描写可以补充和添加一些细节。

出示课文 1—8 自然段，教师示范说书。

出示课文 9—14 自然段，若干学生接龙说书。(小组里推荐)

审美鉴赏活动五：在历史的洪流中阅读故事

阅读提示：这个有意思的故事发生在春秋战国时期。这是一个怎样的历史时期呢？为何会有这么多有意思的故事和有意思的人物呢？

1. 春秋战国时期(公元前770年—公元前221年),是百家争鸣、人才辈出、学术风气活跃的时代,是中国历史上的一段大分裂时期。春秋战国分为春秋和战国时期。诸侯群雄纷争,形成了大国间争夺霸主的局面。史有记载"春秋五霸":齐桓公、晋文公、宋襄公、秦穆公、楚庄王;后有"战国七雄"称霸之局面:秦国、楚国、齐国、燕国、赵国、魏国、韩国。残酷的军事斗争和繁荣的学术争鸣如同血与火般热烈而又灿烂,映照了这个伟大民族的历史天空。

2. 春秋战国时期的著名谋士:

管仲、百里奚、吴起、文种、范蠡、苏秦、张仪、商鞅、范雎、韩非子、李斯……

3. 春秋战国时期名将:

白起、王翦、孙武、李牧、廉颇、吴起、孙膑、赵奢、乐毅、田单……

4. 春秋战国时期的典故:

问鼎中原、退避三舍、一鸣惊人、老马识途、负荆请罪、纸上谈兵、三令五申、朝秦暮楚、图穷匕见、卧薪尝胆、甘拜下风、悬梁刺股、东施效颦、高山流水、兵不厌诈、马首是瞻、高枕无忧、田忌赛马、围魏救赵……

5. 春秋战国时期的历史和文学巨著:

老子《道德经》、《春秋》、孙子(孙武)《孙子兵法》、《墨子》、庄子《庄子》、列子《列子》、韩非子《韩非子》、《战国策》……

6. 师生朗诵:

春秋战国,这是一个伟大的历史时期,这是一片光芒四射的历史天空,这是一部浩瀚的文学巨著,这是一幅无与伦比的民族画卷。在"蒹葭苍苍,白露为霜"的诗行里,在"关关雎鸠,在河之洲"的吟唱里,在"岂曰无衣"的战歌里,流淌着英雄热血与红颜悲歌,流淌着君王意气的火热与茫茫苍穹的悲凉,流淌着竹简交叠的筝鸣与战鼓跃动的高亢……金戈铁马中,伊人回眸,已千年过往,江山依旧。春秋战国,是历史的天空留给古老华夏大地的永恒绝唱……

7. 布置本课作业和第二课时预习单等。

(1) 课文作业单:

① 认真书写课文中的生字,准备下一堂课交流。

② 用今天学到的"说书"的方法把这个故事说给你喜欢的人听。

(2) 第二课时预习单:

① 找一找资料,了解历史上那些运用谋略取得胜利的故事,至少会讲一个。

② 从春秋战国的典故中找至少一个成语故事读一读,准备交流分享。

(3) 综合学习作业单:

① 利用假期读读春秋战国时期的文学作品,比如《诗经》中的一到两首诗。

② 利用假期的时间选择一到两部与春秋战国时期相关的影视剧观看,比如《大秦帝国》《孔子》《芈月传》《西施》《商鞅传奇》《孙子兵法与三十六计》《赵氏孤儿》……

【板书设计】

田忌赛马

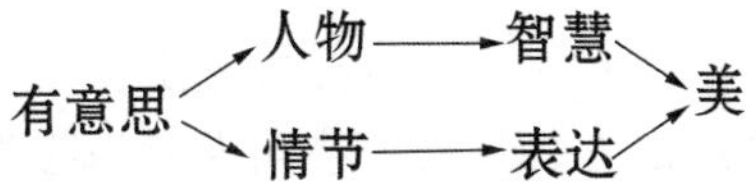

【精彩片段】

师：请同学们自由阅读课文，想一想：课文中的三个人物怎么有意思？他们的哪些表现让你觉得有意思？有意思的人一定是有趣的、聪明的、可爱的……

师：按照故事发展的顺序去寻找、体会、交流。

生自由阅读课文，圈画并讨论这个话题。

师：我们先看看赛马前的片段，你从哪里读出了孙膑的有意思？

生：我从孙膑对田忌说的话里感觉他这个人挺有意思的。

师：比如？

生："将军，我有个办法，保证能让您在赛马时获胜。"这里的"保证"让我觉得他好像很聪明。

师：嗯，不是好像，是的确聪明。

生笑：对对。当田忌问他是不是要换几匹马时，他说"一匹也不用换"，我更觉得他有意思了，不知道他葫芦里卖的什么药。

生：我有补充。我从他胸有成竹地说："将军请放心，按照我的主意办，一定能让您赢。"感觉到他的非比寻常。他一定是心中有了绝妙的主意。

师：是的，你"绝妙"一词用得好。胸有成竹的典故，有谁知道？

生：是讲文同画竹子的故事。文同对不同时间不同状态的竹子观察仔细，烂熟于胸，不看竹子都能把竹子的不同姿态画出来。

师：好，为你的博学点赞。由此可见，孙膑对于自己的策略非常自信，还真是个有意思的智者。我们一起来"胸有成竹"地读好孙膑的话。

师：谁来说说，你从哪里读出田忌也是个有意思的人呢？

生：我从"田忌很信任孙膑，决定全听他的"感觉田忌也挺有意思的。他问了孙膑两个问题，孙膑其实都没有给他明确的答案，他也就不再问了，就听孙膑的，可见他对信任的人绝对信赖，没有任何怀疑和不放心。

师：你读得很透彻！

师：我们一起来读好赛马前的对话，体会其中的意趣。

师：我们再读读课文9—14自然段。赛马的过程中，你又从哪里读出了这两个人的有意思呢？

生：我从田忌赛马的出场顺序中看出了孙膑的有意思。这个战术是很有意思的。

师：我也觉得这个战术是很有意思的，这是孙膑帮田忌筹谋的战术，谁来把书后的这个战术图用连线的方式标注出来？

生回答并连线。

师：现在，谁愿意做孙膑？我要采访采访孙膑先生。

师：孙膑先生您好，请问您是怎么想到这个战术的？您能把您思考的过程说给我们听听吗？

生：我先看了几场赛马，发现同等次的马脚力是差不多的。同等次的马较量，谁胜谁负很难说，谁也没有绝对的把握。于是，我就想既然是三局两胜就为胜，我只要能够稳稳地赢得两局就可以了，这两局必须有必胜的把握。

师：您太有智慧了。请您继续说，怎样才能确保两局必胜呢？

生：只有自己的马明显优于对方的马时，才能必胜。所以，用我的上等马对大王的中等马会赢，用我的中等马对大王的下等马也必定会赢，那么就用我的下等马去对战大王的上等马，尽管是必输的一局，但是确保了另外两局的胜利，岂不快哉！

师生大笑。

师：妙哉妙哉！先生果真是个妙人啊！

师：从这个场景中你读到田忌的有意思了吗？谁来说说？

生：读到了，每一局结束时，田忌的表现都特别有意思。

师：有同感吗？那就一起把田忌的几次表现朗读出来。

生齐读。

师：现在我要来采访田忌大将军了，哪位“大将军”愿意接受我的采访？

师：将军，第一场您就输了，可为何您却不动声色，一点儿也不着急呢？

生：不用着急，孙膑的办法简直太好了，好戏在后头呢！

师：将军，第二场您赢了，我看到您微微一笑。请问：您在想什么呢？

生：我在想，我的胜利已经到来了，完全不用担心。孙膑果然厉害啊！

师：第三场结束了，祝贺将军取得了最终的胜利，我看到您满意地笑了。此刻，您最想对谁说什么？

生：我想夸赞孙膑。

师：将军您还想对谁说什么？

生：我想如实向大王禀报我赢得赛马的秘诀。

师：哦，为何？

生：我要借此机会把孙膑推荐给大王。

师：将军，像孙膑这样的智慧之人，您就留为自己所用不好吗？为何要推荐给大王呢？

生：我把孙膑带回齐国，为的就是让这样的军事奇才为我齐国所用，为齐国开疆拓土，守护一国百姓啊！

师：将军真是胸怀家国之人，您的格局之大，心胸之广令人佩服啊！

师：看来，这场赛马竟然是将军引荐人才的一个绝佳机会，有意思！

师：同学们，读读课文的最后两个自然段。从这里，你读到了齐威王的有意思了吗？

生：读到了，我从“齐威王好奇地问”，就可以看出这个人也挺有意思的。

师：是啊，他可不是一般的人，他是一国之君啊！你继续说。

生：对，他是君王，是最有权势的人，他输了比赛，不但不生气发怒，反而是好奇地问。可见，他还挺有意思的呢。

师：是啊，从他问的内容来看，你又读出了什么呢？

生：我读出了齐威王对田忌很了解，知道他想不出这个主意，一定有高人指点，而且很想知道高人是谁。

师：哦？那你知道齐威王为何想知道高人是谁呢？

生：他求人才，善用人才。

师：的确如此，田忌如实相告，引荐孙膑，齐威王重用孙膑，齐国一时大振。这个故事里的三个人啊，个个都很耐读，越读越有意思，他们的智慧、胸襟令人叹服。

师：这个有意思的故事发生在春秋战国时期。这是一个怎样的历史时期呢？为何会有这么多有意思的故事和有意思的人物呢？请看屏幕。

……

（刘昕执教）

【点评】这个教学片段很精彩，就“读故事，读出故事中三个人物的有意思”这一个开放的话题让学生层层深入地进行阅读、思考、表达。这个话题本身就很有意思，对激发学生的阅读期待和探究期待起到了激趣的作用。这个话题也很有思维的深度，从课堂教学的现场中，我们看到了学生的思维从浅显逐步走向深入。之所以如此，得益于教师不着痕迹的引导。教师的语言民主又亲切，幽默不失风雅，常常起到四两拨千斤的作用；学生的状态自由热烈，达到了审美的和谐。（袁炳飞点评）

第四章　微型课程

第一节　汉语文传统意象主题教学

一、课程简述

所谓意象，就是人看到客观事物后，根据自己的感觉来源传递的表象信息，在个体的思维空间中形成的有关客观事物的加工形象，在人的头脑里留下的物理记忆痕迹和整体的结构关系。这是人对客观事物经过思考和情绪感受创作出来的抽象情感，是客观事物与人的主观心灵相互融合的带有某种意蕴和情感甚至是道德判断的东西。汉语文传统意象，指的是汉语文本体中的物象，这种物象已经不是纯粹自然的生物或景物，它们充分体现了人的主观想法，并与其表现的客观物象达到了完美的融合，是由此而产生的已经超越物象本源意义的，带有丰富审美意蕴的东西，即承载着人的情感与思想的物象。汉语文意象教学是能够使人的心灵和语文意象发生审美联系的过程。汉语文传统意象的形成是经过漫长心灵积淀的，是诗人（文人墨客的统称）在对周围某些客观事物进行了带有主观意识的凝视后产生的寄托与想象。把挣扎的情愫转接或寄托于其中，借助诗文可以倾诉，可以释放，久而久之，被经常使用在同一种情绪抒发中的物趋向固定和唯一，即形成了汉语文中独特的“意象”，我们熟知的就有梅、兰、竹、菊、柳、松、月、舟、大漠、江南、剑气、马蹄，等等。

作为小学语文国家课程的适当补充和校本实践，汉语文传统意象主题教学是一个具有语文学科特质的被赋予了德育使命的微型课程。在这个课程中，汉语文意象特指中国传统文化中的典型意象。意象应该是融入了诗人主观情感的客观物象，也可以说它是一种诗人借助客观物象表达出来的主观情感；意象是诗人进行诗歌创作的终结，但它又是我们读者进行诗歌解读的开端；意象可能是诗人心与物的感应，是诗人的一种深度直觉，是诗人感悟会心的一种产物；意象是诗人心灵当中的一幅画，这幅画是诗人用心灵凝视的深刻情景，不是一般的图。有一个比方可能能说明这个意象：意象是什么，是一根大重量的羽毛。为什么说它是大重量？因为它承载着很多东西。为什么说它是羽毛？因为它又很飘逸，很轻盈，所以是一根大重量的羽毛。意象是我们中华民族古诗词中的灵魂，是长久以来精美的文化图式、文化符号，是民族的文化瑰宝。

中国文化的意象，特别是我们身边的意象，代表我们中华文化的传统。梅兰竹菊，孩子们看到了没有多大的感觉，觉得这不就是植物嘛。可是在梅兰竹菊的背后隐含着精神。比如说，人们用松树的品格代指高尚的人格，我们听到这句话，看到松树，腰杆就直了，这就是在松树这个象背后的意。所以像这样一些熟知的象，它们的背后是有意的，这代表了我们中国文化的一种传统。直到现在，我们还把梅兰竹菊作为象征，这就是我们的文化传统。所以现在的语言表达是基因，过往的语言表达是传统是基因，基因是遗传是继承，还有人说是“原型”。“原型”这个概念是从国外传来的，有种文学批评叫“原型批评”。所以说我们中国人如果不了解这些意象，对于中国的文化就不能了解全面。这种传承也可以叫作“集体无意识”，我们的传统意象就是集体无意识，所以有些时候有些东西我们就不能乱用，因为要符合我们的习俗。比如说颜色，我们对颜色的看法，和外国人对颜色的看法就不一样，我们已经明白了红色是象征什么的，可是有的国家对红色的看法和我们是不一样的，你要理解这种集体无意识在不同集体里是不一样的。中国是一个诗的国度，在这样一个国家中，每一个人都是一个诗人，每一个人都有诗的气质，月亮高高地挂在诗人的头顶上。为什么呢？因为月亮把他和他所想的人联系起来了，所以这个月亮成为我们中国人心目中非常美好的意象。由此，这个意象是有诗的观点的，用我们中国人的思维方式为观点的，而且这个月亮在意象中有着非常重要的地位。学习中国文化不能不学习意象，意象在语文学习中特别有价值。

孔子说“不学诗，无以言”，不学诗就不能说话，所以说诗歌特别重要。他说诗歌的作用非常多，比如说“可以兴，可以观，可以群，可以怨”。“兴”主要是一种感发的作用，能够激发人的，读了这首诗马上就能激发人。“可以观”，就是说它的一种认识作用，认识世界的作用。诗“可以兴”，那么诗从哪里来？中国是一个农业大国，人看到了这样丰富的大自然，他就有了自己的想法。诗，其实是一种人与大自然的关系，也就是我们的诗与自然的关系。诗是春夏秋冬四季景物的变化，这就是诗人观察到的景象。为什么我们注重意象呢？为什么我们的自然景物中都包含着意象呢？这与我们中国人与大自然和谐相处的这样一种生活方式是有关系的。我们还要讲意象与意象的关系。周易说：“故言者所以明象，得象而忘言；象者所以存意，得意而忘象。犹蹄者所以在兔，得兔而忘蹄；筌者所以在鱼，得鱼而忘筌也。然则，言者，象之蹄也；象者，意之筌也。”所以我们想象意象之间的关系，很重要的是什么？是意。学习中华意象，光是感受象还不行，意象本身是象、意、言的结合体，所以我们了解意象，既要了解她的语言，还要了解她的意、她的象，特别是背后的意。象提供了一个情境，我们用这个情境来审美，要让孩子了解这背后的意和象，那么就探究怎么去实现这个过程。把这个意象与当代儿童联系起来，意象教学就是唤醒，唤起儿童对祖国文化的一种情感，一种感受，把传统文化和儿童学习结合起来，去唤起儿童对意象的感受。不需要懂得太清楚，有些事情朦朦胧胧懂一些就可以了；也不要搞得太清晰，意象本身就是一个主客观的结合，虽然有同一种基因，但是在儿童的心中依然可以产生不一样的想象与理解。

汉语文意象主题教学是通过和学生共同阅读相关文本，感受并理解某一意象所承载的特殊情感或人类品质的象征意义，从而唤起我们对民族文化的共同记忆并将其传承下去。儿童，是汉语文意象主题教学首先要关注的。对于不同学段的学生，教学的阶段目标是不一样的。大学，注重的是人文情怀；中学是让已经开始走向理性抽象思考的学生明白意蕴的所指；小学高段向中学接近，小学低中段则必须以儿童视野展开教学。小学生处于感性特别活跃，理性相对薄弱的年龄段。因此汉语文意象主题教学（下文简称为“意象教学”）不宜挖掘过深，不宜以人文情怀和传统语言美学为经纬，而应该以儿童视角、儿童心思为依据来突出意象中的童话意蕴。教学要有童话眼光。以“月”的意象教学为例。首先在文本的选择上，低段和高段就各有侧重。低段以短小的儿歌和童话故事为读本，高段则可以经典的小散文、古诗词为读本。在教学路径的选择上，低段以“望月”入境，高段以“赏月”入境。我们来看二年级和五年级同一个意象主题教学的不同文本和不同方式。

二年级《月亮的衣裳》教学片段：

师：小朋友读了《月亮的衣裳》，唱了《小小的月儿》，吟诵了《古朗月行》，你发现，在儿歌里，在歌曲里，在古诗里，月亮有什么共同的特点呀？

生：月亮都是在变化的。

师：对呀，有时候像……有时候像……有时候又像……

生：有时候像眉毛，有时候像镰刀，有时候像圆盘。

师：你看，现在你知道老师上课前告诉你的成语“阴晴圆缺”是什么意思了吗？

生：就是指月亮有时候是圆圆的，有时候又缺了一角变成弯弯的了。

师：是啊，圆圆的时候像中秋节的月饼；弯弯的时候，像远在他乡的人因想念亲人而皱着的眉头，有点忧伤呢。

五年级《月是故乡明》教学片段：

小组讨论讨论：这三篇美文，它们的共同和不同之处在哪里？

1. 从切入角度看，前两篇是游子、文人眼中的月亮，侧重内心感受。而第三篇是孩子眼里的月亮，侧重以对话为线索，有着独特的童真童趣。

2. 从描写对象看，三篇都是借物抒情，借月亮表达自己对故乡浓浓的思念。

3. 从写作方法看，第一篇用的是对比，写外国的、北京的月亮不如家乡的小月亮；第二篇是按时间顺序描写，写出了一年四季海上月亮的变化；第三篇是写孩童的言行、感受和内心变化，写出了月亮的灵动、调皮。

同学们在平时的阅读中，也应该有更多的比较，这样，我们的思维会更深刻，视野会更开阔。

那月亮真的是故乡的明吗？

预设：月亮是亘古不变的，变的是看的人，看的心，她跟人的悲欢离合紧紧联系在一起了。是因为思念故乡，思念故乡的一草一木、一山一水，还有亲人朋友。因为别的看不到，只有月亮。

板书：思念

汉语文意象教学是文学教育。有论者认为，汉语文教学主要应该是汉民族的文学教育，这种说法当然过于极端，但汉语文教学的确是不能忽略文学教育的。美学与文学有着不可分割的关系，甚至是一种相互依存、相互融合的关系，李泽厚先生和宗白华先生在对中国美学和中国文学关系的考量中，都有明确的且比较一致的观点和论述，那就是“诗中有画，画中有诗”。我们不妨这样来看：诗，更多传递文学信息，画，更多营造美学气氛。无论是文学批评家还是美学家都不得不承认诗画的离合异同。正如宋朝文人晁补之有诗云：“画写物外形，要物形不改。诗传画外意，贵有画中态。”画外意，待诗来传达，方可圆满，而诗歌中需具有画的形态，才能形象化、具体化，不至于太抽象。刘勰在《文心雕龙》中也有章节对此进行论述。所以，“意象”不仅仅是一个美学概念，它还是语言学和文学的概念。在《文心雕龙》“物色”篇中，他对情景交融的中国古代文学特色进行了专门的论述。刘勰先讲“情以物迁，辞以情发”，即由物引起人的感情，发为文辞。情境结合，所以要“既随物以宛转，亦与心而徘徊”。要婉转地描绘景物情态，还要表达出作者的感情，达到“情貌无遗”。在意象教学中，如“灼灼”，明艳如火，本是形容桃花的鲜艳，又怎么是“与心徘徊”呢？原来，这里“桃之夭夭，灼灼其华”是负载了新嫁娘火热的心情。再如“依依”，本也是形容柳条的柔软，却还是为了表达战士出征时与家人的依依不舍之情。所谓“情貌无遗”是说情感由物、景引起，是诗人的情赋予景物而非景物之情。所以刘勰又讲“窥情风景之上，钻貌草木之中”，意思是文章贵在描绘逼真，细心观察风景的情态，钻研草木的形态。创作诗歌，情态但求深远；描写事物，功效只在贴切。所以用巧妙言辞来描摹事物的状态，像在泥土上盖了印迹，不用雕琢，而能把极其细微处都详尽地写出来。在文末，刘勰“赞曰：山沓水匝，树杂云合。目既往还，心亦吐纳。春日迟迟，秋风飒飒。情往似赠，兴来如答。”意思就是，山岭重叠，流水回绕，树枝交错，云气聚合。眼睛反复地观察，内心也自然有所吐纳。春日里舒缓柔和，秋风起萧萧瑟瑟。将情感当作赠礼赋予景物，景物亦回馈以无边的诗兴。

的确如此，汉语文意象本身所含有的物象和意象之间的联系性具有客观合理性的，才会产生情物融为一体的意象之美。以“芭蕉”为例。芭蕉，在文学作品中历来都有两个牢固的意象：一是“雨打芭蕉”，芭蕉宽大的叶子最容易凸显出雨水的声音，如果是骤雨，那声音便急促而难挨，如果是疏雨，那声音便淅沥而忧伤，所以有“疏雨听芭蕉，梦魂遥”，有“深院锁黄昏，阵阵芭蕉雨”，有“点点不离杨柳外，声声只在芭蕉里”；另一个是卷心芭蕉，芭蕉的叶子是聚拢在一起的，随着渐渐成熟而渐渐舒展开来，正像愁人心绪的舒与卷，所以有“芭蕉不展丁香结，同向春风各自愁”。

所以，当诗词作品中芭蕉和雨这两个意象共同出现时，那往往就是主人公发愁的时候到了。芭蕉和雨长久以来组成了一个固定的意象符号，所传达的信息主要有两个：一是愁绪，二是孤独。

由此，我们知道汉语文意象既是美学也是文学，还是语言学的范畴。比如，汉语文意象中的谐音语和双关语。“柳”和“留”是谐音，“折柳相送”，心欲“留君住”。“桃”则常有双关之意，“桃”是芬芳的，是香气四溢的，故有“桃李满天下”。“竹”色泽淡雅，细圆修长，有节常青，韧而难折，中空有度，故有“柳门竹巷”“垂名竹帛”。

由此看来，汉语文意象教学，一定要着意于儿童文学素养的提高，特别是汉语言中文学因素的发掘与鉴赏。意象中的美学与文学，正如车之两轮，鸟之双翼。

二、课堂呈现

第一节：欣赏课

（一）江南（五年级）

教学目标：

1. 复习《忆江南》，重温对江南美好的憧憬。

2. 小组合作学习感知诗词大意，加深对江南的感悟。

3. 根据文字提示，自编导游词，初步感受江南古镇灵秀的水乡风貌，独特的人文景观，质朴的民俗风情，接受美的熏陶。

学习重难点：

通过学习，加深对江南美好的感悟，小组合作编导游词，课后仿写《忆江南》。

学习时间：

一课时

教学过程：

课前谈话：

师：同学们，初次见面，没有什么特别的见面礼，带给大家一首歌，《梦江南》，好吗？

你可以静静地欣赏唯美的画面，也可以听听优美的旋律，还可以品品耐人寻味的歌词，好吗？

生欣赏《梦江南》。

一、诗情画意中初识江南

师：课前，我们一起欣赏了优美的《梦江南》。从你们的神情中，我读出了似乎好多同学都被江南的美景深深陶醉了。能告诉我，此时此刻，你最向往干什么吗？

生：我真想现在就去江南走一走啊！

生：江南真是太美了，还想再来一次江南之旅。

生：江南是一个充满诗情画意的地方，希望接下来的假期爸爸妈妈能带我去江南，来一次深度旅游。

……

师：是啊，江南总是那么令人神往，小桥、流水、人家……有人说，小桥传承着江南的文化，流水孕育着江南的灵气，人家延续着江南的风情。三四月，行走在水墨丹青般的烟雨江南，和风、细雨、杨柳，会让你的心变得更加柔软和美好。今天，老师就想和大家一起去江南游览一番。

师板书“江南”。

1. 赏读江南诗文。

师：江南自古就是文人墨客的最爱。赞颂江南的诗有很多，你能背出其中的一两句吗？

生：江南可采莲，莲叶何田田。鱼戏莲叶间，鱼戏莲叶东，鱼戏莲叶西，鱼戏莲叶南，鱼戏莲叶北。

生：千里莺啼绿映红，水村山郭酒旗风。南朝四百八十寺，多少楼台烟雨中。

生：月落乌啼霜满天，江枫渔火对愁眠。姑苏城外寒山寺，夜半钟声到客船。

生：江南好，风景旧曾谙。日出江花红胜火，春来江水绿如蓝。能不忆江南？

师：老师也整理了一些历代诗人赞美江南的诗词，先自己读一读，最好能读出节奏和韵味。

春风又绿江南岸，明月何时照我还。

正是江南好风景，落花时节又逢君。

织成云外雁行斜，染作江南春水浅。

人人尽说江南好，游人只合江南老。

枕上片时春梦中，行尽江南数千里。

更把玉鞭云外指，断肠春色在江南。

师：你最喜欢哪一句？能读给大家听听吗？

生：织成云外雁行斜，染作江南春水浅。

师：是啊，舞衣染成的江南碧绿的春水一定美极了！

生：正是江南好风景，落花时节又逢君。

师：你一定感受到了老友相逢却因落花充满了淡淡的忧伤。

生：人人尽说江南好，游人只合江南老。

师：多好的江南啊，好得只想和江南慢慢变老。

生：春风又绿江南岸，明月何时照我还。

师：是啊，美好的春光唤起诗人思乡之情。

生：枕上片时春梦中，行尽江南数千里。

师：这是一首写梦的诗，女子思念远去的亲人，梦见来到江南。

生：更把玉鞭云外指，断肠春色在江南。

师：这是一首送别诗，江南美丽的景色更是反衬出离别的忧伤。

师：理解了再读一定更有感觉，全班再来一起读一读。

全班齐读。

2. 欣赏江南风光。

师：江南，如诗如画，只要你一见，便钟情；只要你一来，便忘回。的确如此，我也多次去江南旅游。还拍下了一段视频，闲暇时又配了文字。想看吗？

有个小小的请求，请你们推荐一个朗读高手和我一起给画面配音。谁愿意？（音乐起，乐声中播放视频）

师生共读旁白：一排排错落有致的青砖瓦房，一棵棵随风飘舞的翠绿细柳，一条条缓缓流淌的潺潺溪流，一座座守候千年的古朴堤桥，楼台香榭，兰亭楼阁，让人不禁联想起多少文人墨客写下的唯美诗篇。江南是一幅水墨画，令多少人驻足凝望；江南，以其独有的魅力，征服了一代又一代人。

3. 明确江南方位。

师：多美的江南啊，她到底在哪里呢？（出示中国地图）江南指长江以南地区。在古代，江南往往意味着繁荣发达的文化教育和美丽富饶的水乡，代表了人们对美好生活的无限向往。

二、品读诗词中江南之美

师：据说，唐朝大诗人白居易年轻时曾漫游江南，后来又在江南做官。江南旖旎的风光给他留下了终生难忘的记忆。回到洛阳12年后，他创下一组千古绝唱。

出示《忆江南》词数首。

师：其中有一首词是我们耳熟能详的。谁来读给大家听听？

江南/好，
风景/旧曾谙。
日出江花/红胜火，
春来江水/绿如蓝。
能不忆/江南？

指名读。

师：你真厉害，通过朗读也能把我们带到江南。

师：诗人为什么如此思念江南呢？

生：因为江南很美。

师：江南好在哪里呢，能从词中找到答案吗？

生：江花红胜火，江水绿如蓝。

师：一红一绿色彩艳丽，对比鲜明，谁能读出红花胜火，绿水如蓝的美感？

指名读。

师：读得真不错，还有谁来试试？越读越美了！

师：假如此时你就是漫步在江南小桥上的游人，你会怎样吟诵？

生：江花红胜火，江水绿如蓝。

师：假如你就是那江中轻摇船桨的船夫，你又会怎样吟诵？

生：江花红胜火，江水绿如蓝。

师：假如你就是大诗人白居易，会怎样吟诵？

生：江花红胜火，江水绿如蓝。

师：让我们一齐美美地吟诵！

生：江花红胜火，江水绿如蓝。

师：此刻，如果用一个词概括一下江南给你的印象，那就是？

板书：美丽。

三、拓展组词中感受江南景、物、人之美

师：是啊，江南的美让白居易久久难忘，《忆江南》是一组词，读读其他两首，看看他还在思念什么？

带着这个问题，读读老师所给的拓展阅读材料一。

生自主阅读。

师：通过刚才的阅读，谁知道诗人还在思念江南的哪两座城市呢？

师：请全体女生读一读这首词。

女生齐读。

师：诗人思念杭州的什么？用诗句来回答。

生："山寺月中寻桂子，郡亭枕上看潮头。"

师：谁来读读诗句？

指名读。

师：请全体男生来读读这首词。诗人忘不掉苏州的什么？

生："吴酒一杯春竹叶，吴娃双舞醉芙蓉。"

师：都说上有天堂，下有苏杭。瞧，除了诗中描写的，杭州还有这些特产呢。看看哪些是你所熟悉的。这些是苏州特产。

生欣赏PPT。

师：现在，你想说江南真是一个既美丽又怎样的地方？

板书：富饶。

师：细心的同学会发现，这组《忆江南》诗句长短不一，它们都是词。词是可以配乐

歌唱的，来听听歌手李涵是怎么唱的。你可以闭上眼，让意象沉淀，让心跳与音符同步，也可以跟随音乐唱出你心中的最美江南。

播放《忆江南》音乐。

四、欣赏江南水乡风景，根据文字自编导游词

师：江南的美景让人流连忘返，这美妙的乐曲同样让人陶醉。来到江南，六大古镇可是必游之地。它们分别是……一起说。

（出示图片）这里山水朦胧而婉约，让无数人魂牵梦萦，一块风水灵地，孕育出无数才子佳人，老师相信这样的美也一定能孕育咱们班的小才子、小才女。

下面我们进行小组合作学习。谁来读读要求？

1. 选择自己喜欢的方式，熟读所给文字，至少两遍。

2. 结合自己平时的旅游经历，试着将这些文字改编成导游词说给小伙伴们听听。

3. 小组内互相取长补短，每组最好要有自己的创意和个性化的语言。

我们将评选出"最佳合作小组"和"最佳小导游"哟！

哪组小导游先来带领我们开启江南六大古镇之旅？

小组合作，学生汇报，精彩不断！

生汇报：亲爱的各位游客，你们好！有一首歌叫《常回家看看》，有一种渴望叫常出去转转，首先欢迎大家跟我来到周庄转一转。在我们进入古镇主要景点之前，我先把周庄的情况简要介绍一下。

……

生汇报：亲爱的各位游客，你们好！我是今天的导游陈小雨。

首先欢迎大家来到名人荟萃的古镇乌镇游览。在我们进入古镇主要景点之前，我先把乌镇的情况简要介绍一下。

……

生汇报：亲爱的各位游客，你们好！我是导游蔡轩，很高兴成为大家此次旅行的导游，我将竭诚为你们服务，伴你们度过一段快乐时光。进入景点之前，我先把西塘的情况简要介绍一下。

……

五、课后作业，模仿创作《忆江南》

师：同学们，提起江南，文人墨客留下的诗词数不胜数。

其实老师也有说不出的江南情结。为了能到江南走一走，我在30岁那年取得了位于杭州西湖边的浙江大学求学资格。昨晚我也模仿创作了一首不太成熟的《忆江南》。

出示自创《忆江南》。

师：通过今天的学习，相信你对江南一定又多了几分了解，课后你也可以模仿创作

一首属于你自己的《忆江南》。友情提醒，《忆江南》是一个词牌名，所有的《忆江南》都是一样的结构，一样的字数，一样的旋律。严格意义上讲，创作时还要考虑平仄，但第一次尝试，我们放宽要求，先考虑好字数。

教学反思：

“语文课程应致力于学生语文素养的形成与发展”，“提高儿童文化品位和审美情趣”，“教学要注意在诵读过程中体验情感，领悟内容，培养语感”……这是新课程改革非常强调的理念，本课教学有意识地进行了这方面的探索。

《江南》是我们团队意象语文研究自编教材之一。在教学中，我在努力创设和谐、民主、开放的学习环境的基础上，以有多种形式的朗读、吟诵为重点，引导学生自主探究、感悟意境，领悟江南独特的意象之美。课堂一开始，我通过图片、视频等创设情境，小桥、流水、人家……一下子将孩子带到令人神往的江南。有人说，小桥传承着江南的文化，流水孕育着江南的灵气，人家延续着江南的风情。就这样，我带领孩子慢慢品读诗词，慢慢领悟江南独特的意象。“诗歌不是无情物，字字句句吐衷肠”，正因为诗如鼓琴，声声见心，易唱动听，悦耳感人，又因为“俯而读，仰而思”，“熟读精思子自知”是传统的教诗方法，在给孩子们出示许多描写江南的诗句时，通过各种形式的吟诵，巧妙地帮助他们理解了诗句，一次又一次激起孩子们对江南的无限神往。

根据“限时讲授，合作学习，踊跃展示”十二字教学方针，教学中我改变了单纯的师生交往形式，通过小组合作、师生交流、生生交流等环节，为学生创造畅所欲言、各抒己见的条件。让学生取长补短，相互启发，增加课堂的信息量，促使学生全面深入地感悟，又给学生提供了展示个性的机会和场所。在《忆江南》这组词的教学中，我由扶到放，再让学生通过小组合作，在组内自读自悟，吟诵、歌唱等多种形式寓教于乐，使学生思维的火花得以绽放，对词的体会更加深刻。

语文具有很强的工具性和实践性。身为语文教师的我们要不断拓展学习内容和方法，挖掘学生对语文的兴趣点，激发他们学习的热情，使他们保持持久的学习动力。在课上，我拓展了不少图片、文字资料，通过让学生合作学习，设计有个性的导游词，通过教师范写《忆江南》，学生模仿创作，努力做到让每一个学生都积极参与到学习中来，成为课堂真正的主人。

当然，教学永远是一门遗憾的艺术。每一次尝试，都是一次新的挑战，更是一次收获。今后我将继续用诗一样的精巧锻造课堂，用诗一样的意蕴营造课堂，用诗一样的激情澎湃课堂，努力让学生的精神生命诗意地栖居。（徐云执教）

（二）莲（六年级）

教学目标：

1. 欣赏莲花，阅读有关莲的古诗文，并走进历史的长河，进一步认识莲花，感受莲花的丰富意象。

2. 了解到莲与人们生活的密切关系，初步感受莲文化的魅力。

3. 培养对美好事物的审美情感，对大自然的热爱之情。

教学过程：

一、猜谜，莲在生活中

师：孩子们，看一则谜语，猜猜它是什么花？

（PPT 出示）

一个小姑娘，坐在水中央。身穿粉红衫，坐在绿船上。（打一种花）

生：莲花。

生：荷花。

师：莲花，就是我们通常说的荷花。盛夏时节，要是你来到人民公园、文峰公园的池塘边，或漫步濠河边的南公园桥，甚至有机会去西湖边走一走，定会看到朵朵红艳的荷花，密布于挨挨挤挤的荷叶之上。此时，你也许会想起这样一些诗句。

（PPT 出示画面）

生：江南可采莲，莲叶何田田。鱼戏莲叶间，鱼戏莲叶东……

生：小娃撑小艇，偷采白莲回。

生：泉眼无声惜细流，树阴照水爱晴柔。小荷才露尖尖角，早有蜻蜓立上头。

生：接天莲叶无穷碧，映日荷花别样红。

师：从古至今，莲一直受到许多文人墨客的钟爱。今天，就让我们再一次走进古诗文，走进历史的长河，感受莲花的魅力！（板书课题“莲”）

二、追溯，莲在传说中

师：关于莲还有许多动人的传说，去读读西湖莲花的传说吧！

生边读边思考：1. 传说中西湖莲花是怎么来的？2. 世人又是如何评价她的？

师：谁能给大家简单地讲一讲这个故事呢？

生简要复述故事。

师：玉姬化身的荷花得到世人怎样的评价呢？

生：得到世人的盛赞。

师：什么是“盛赞”？

生：就是很高的评价。

师：是啊，莲虽然坠入淤泥，但出淤泥而不染，具有高洁的品质，所以受到世人的盛赞。同时通过传说，我们更了解到，早在几千年前，我们的祖先就对荷花寄予了美好的感情。而关于荷花最早的文字记载距今已有近 3000 年。

（PPT 出示）

"荷，芙蕖。其茎，茄；其叶，蕸；其本，密；其华，菡萏；其实，莲；其根，藕；其中，菂；菂中，薏。"——汉初《尔雅》（中国最早的字典）

【注释】

① 芙蕖（fú qú）：亦作"芙渠"。荷花的别名。

② 茄（jiā）：荷梗。

③ 蕸（xiá）：荷叶。

④ 华：同"花"。

⑤ 菡萏（hàn dàn）：荷花的别称。

⑥ 菂（dì）：古代指莲子。

师：自己试着读读看。

生自读。

师：芙蕖指什么？

生：荷花。

师：你怎么知道？

生：下面注释中有。

师：看来，阅读注解是学习古文的一种有效方法。

师："其茎，茄；其叶，蕸"是在介绍莲的什么？

生：介绍莲的茎和叶。

师：莲的茎，古人把它叫作——

生：茄。

师：把叶叫作——

生：蕸。

师："其本，密；其华，菡萏"里的"华"就是"花"。它的花叫——

生：菡萏。

师：它的果实叫——

生：莲藕。

师：它的根叫——

生：藕。

师："其中，菂；菂中，薏"，"菂"的意思是——

生：莲子。

师："其"当然指的是——

生：莲蓬。

师：同学们，《尔雅》堪称中国最早的字典，今天咱们穿越悠悠的历史，发现我们的祖先竟然早在汉代初期就对荷花各部分器官有了比较全面的认识。能试着用同样的方法读读下面几句话吗？

(PPT 出示)

1. 薮泽已竭,即莲掘藕。——《周书》(西周)

2. 山有扶苏,隰有荷华。——《诗经·郑风》(《诗经》是中国最早的诗歌集)

3. 彼泽之陂,有蒲与荷。——《诗经·陈风》

师:谁来读第一句?

师:"掘"是什么意思?

生:挖掘。

师:从"即莲掘藕",我们可以知道,早在西周时期,人们已经懂得挖掘莲藕来干什么? 作为食用的蔬菜。

师:还有两句谁来读?

师:你能用自己的话来说说"山有扶苏,隰有荷华"的意思吗?

生:山上种着桑树,沼泽地种着荷花。

师:"彼泽之陂,有蒲与荷。"说的是池塘、湖泊的对岸,蒲草丛生,荷花茂盛。从这些文字记载可以看出,随着时间的推移,荷花已逐渐从野生状态走进了田间池塘。

三、赏析,莲在人心中

师:随着时代的发展,社会文明的进步,人们对莲的认识还在不断地变化。咱们还是小组合作去读一读《爱莲说》这篇文章吧。

(PPT 出示)

小组合作任务单:

1. 组内共读《爱莲说》,读通、读准每句话。

2. 合作探究:

① 找出作者独爱莲的原因,用横线画下来。

② 借助注解,理解画线句子的意思。

③ 用自己的话说说作者为什么独爱莲。

师:作者为什么喜欢莲花? 喜欢的原因是什么? 读一读你画的句子。

生:予独爱莲之出淤泥而不染,濯清涟而不妖……

师:能用自己的话来说说喜欢的原因吗?"予"是什么意思?

生:我。

师:作者独爱莲的原因什么? 用自己的话说一说。

生:因为莲花从淤泥里生出,却不受污染。

师:是的,这正是作者独爱莲的第一个原因。这样的特点,我们可以用一个四字词语来概括——"洁身自好"。

师:读一遍。

师:"濯"是什么意思呢?

生：洗涤。

师：所以这句话是说？

生：莲花在清水中洗涤过，美丽而不妖娆。

师：好的，莲花不与群芳争艳，乃作者独爱莲的第二个原因。

（板书：佳人之花　美丽脱俗）

（欣赏画面）

师："中通外直，不蔓不枝，香远益清，亭亭净植"这句话写了莲的什么？

生：茎。

生：还有香气。

师：它的茎怎样呢？

生：它的茎中间是空的，外观很直，不生蔓，不长枝。

（欣赏画面）

师：它的香气有什么特点呢？

生：它的香气清新悠远。

师："亵玩"是什么意思呢？

生：近前把玩，不尊重的样子。

师：所以香气远播、正直高洁，是作者独爱莲的第三个原因。总之，莲洁身自好，不与群芳争艳，高洁正直，香气远播，在作者看来，就好比花中的？

生：君子。

师：所以被誉为"君子之花"。

（PPT 出示）

"莲，花之君子者也。"

师：来，一起读好这句话。

生："莲，花之君子者也。"

师：我们常说，托物言志，言为心声。作者周敦颐正是通过赞莲，寄托自己毕生的心志。读了《爱莲说》，你可知他希望自己成为什么样的人呢？

生：成为一个君子。

生：要自己洁身自好，不同流合污。

师：莲，在历代文人的眼中，还是什么样的花呢？

（欣赏画面）

师：早在原始社会，人们就用莲花图案制作彩陶。这件青铜器，出自春秋中期，壶盖选用莲瓣造型，美观生动。这个烛台目前收藏在湖南省博物馆。这是唐代刻花金碗。这是敦煌莫高窟的壁画，八瓣莲花图案的中间是三只追逐奔跑的兔子，四周画着飞天。这是明清木版年画。

师：随着时代的发展，美丽高雅的莲文化，还通过其他艺术流传了下来。你们看，人们又把莲与人物、动物或其他的植物,组合成各种各样的图案,制作成年画。

(PPT 出示带有莲图案的年画)

师:看看这幅年画上除了莲花,还有什么?你能给这幅画取个名字吗?

生:"连(莲)年有余(鱼)。"

师:这个名字好,它寄予了人们怎样的美好愿望呢?

生:希望来年财源滚滚。

师:再看看这幅年画,莲花旁边画了什么?取个什么名儿呢?

生交流后出示:"连(莲)生(笙)贵子。"

师:想一想:借这幅年画,人们又想表达怎样的美好愿望呢?

生:子孙满堂。

生:多子多福。

生:希望生生不息、人丁兴旺。

师:你们发现刚才两幅年画取的名字有什么共同的特点?

生:用画上的事物给取名儿。

生:这几幅图都有莲花。

生:有的用了谐音。

师:你懂的真多。

师:老师这儿还有几幅年画没取名字,想请大家帮帮忙,能不能取些好听又富有寓意的名字呢?

小组合作:给年画取名。

师:交流一下。

生:我们给第一幅图取名"和(荷)和美(梅)美"。

师:为什么呢?

生:因为"莲花"也叫"荷花"。

师:大家觉得可以吗?

生:我觉得这个题目很有寓意,"梅"和"美"又是谐音,寓意生活美好幸福。

生:我们组给第二幅图取名为"一年四季"。

生:莲与牡丹、菊花、梅花在一起寓意四季平安,那还不如就叫它"四季平安"。

师:再说说这幅图。

生:莲花与喜鹊,我们叫它"连连有喜"。

生:我们取名"连(莲)年有喜"。

师:这两个名儿都表达了比较美好的愿望,都不错。

生:这两朵莲花,我们取名为"并蒂莲心"。

生:也可以叫"永结同心"。

生:还可以叫它"幸福美满"。

生：甜甜蜜蜜。

生：心心相印。

师：你们觉得这幅画比较适合送给什么人呢？

生：送给一对新人。

师：或者还可以送给谁？

生：送给自己的爸爸妈妈，祝福他们永结同心，白头到老。

师：那最后一幅图呢？

生不回答。

师：知道这种鸟的名字吗？

生摇头。

师：它叫“鹭鸶”。莲花与鹭鸶，我们不妨叫它“一路（鹭）连科”，寓意仕途顺利、高中状元。你觉得这样的画送给谁最合适？

生：送给将要参加高考的同学。

师：当然也可以送给即将参加中考的学生，因为这是对考生最美好的祝愿。

师：同学们，通过讨论，你发现莲还是什么花？

生：祝福之花。

师：这样的祝福总是与人们对生活的美好企盼连在一起。

（板书：祝福之花　幸福吉祥）

师：再来考考你们。

师：1999年澳门回归时，知道中央政府赠送澳门特区什么礼物吗？

（PPT出示“盛世莲花”）

生：莲花。

师：就是这样一尊名为“盛世莲花”的大型雕塑。

（PPT出示澳门特区花车）

师：这是2009年国庆60周年澳门特区花车。为庆祝澳门回归十周年，中央电视台摄制的纪录片《澳门十年》的主题曲都以“盛世莲花”为名。大家想一想：这是为什么？

生：因为莲花也叫荷花，象征和平。

师：含苞待放的莲花是澳门居民喜爱的花种，“荷”与“和”“合”谐音，“莲”与“联”“连”谐音。由此看来，莲花还是什么花？

生：和平之花。

师：寓意什么？

生：寓意和平统一、繁荣富强。

（板书：和平之花　繁荣统一）

师：这尊佛像认识吗？

（PPT出示“海上生莲”）

生：观音菩萨。

师：这是普陀山南海观世音菩萨，被称为“海上生莲”。这尊佛像有什么特点？

生：观音站在莲花上。

师：在庙宇里面，我们经常会看到普度众生的佛，或端坐或站立在莲花宝座上，可见莲花还是佛界的圣花，它象征着善良圣洁、宽容博爱。

（板书：佛教之花　宽容博爱）

四、拓展，莲在画中舞

师：同学们，通过今天这堂课的学习，我们发现在中国的花文化中，荷花真是最有情趣、意义最为深远的。相信大家以后要是再看到莲，就会有一种特殊的感情！最后让我们在一组有关“莲”的绘画作品中结束今天的语文课。

（PPT 出示莲名画供欣赏，配乐）

五、板书设计

佳人之花　美丽脱俗
祝福之花　幸福吉祥
和平之花　繁荣统一
佛教之花　宽容博爱

教学反思：

执教汉语文意象微课程《莲》一课，让我第一次感受到通、融、情、美的课堂魅力。

选择“莲”作为小学六年级学生汉语文意象微课程学习的内容之一，首先是因为学生经过近六年的学习，结识了许多与莲有关的诗词。比如，汉乐府民歌《江南》：“江南可采莲，莲叶何田田”；杨万里的《小池》：“小荷才露尖尖角，早有蜻蜓立上头”；《晓出净慈寺送林子方》：“接天莲叶无穷碧，映日荷花别样红”；再比如白居易的《池上》：“小娃撑小艇，偷采白莲回。不解藏踪迹，浮萍一道开”；李清照的《如梦令》：“兴尽晚回舟，误入藕花深处。争渡，争渡，惊起一滩鸥鹭”……

从古至今，许多文人墨客对荷花情有独钟，写出了许多脍炙人口的句子。然而当把这些诗词放在一起品读，我们不难发现，虽然都选取了相同的景物——莲，但诗歌表达的内容却不尽相同，显然“莲”在不同的诗作中有不同的审美作用。正如诗人余光中所说：“意象是构成诗的艺术之基本条件之一。我们似乎很难想象一首没有意象的诗，正如我们很难想象一首没有节奏的诗。”对于即将跨入中学大门的小学生，意象的理解虽是一个难点，但同时也是一个重点。适当的点拨、拓展、引导，对激发学生学习语文的兴趣，加深学生对诗词内容和思想的理解，帮助学生走进作者的内心，感受作者强烈的审美体验，提升学生的阅读素养肯定是有好处的。

教学中，我从猜谜入手，引导学生回忆夏天家乡人民公园、文峰公园池塘边那朵朵红艳的荷花，说说它们密布于挨挨挤挤的荷叶之上的样子，引出生活中的莲。紧接着，学生通过阅读西湖莲花的传说，了解到早在几千年前，我们的祖先就认识荷花，他们对荷花怀有特殊的感情，不仅喜爱荷花，而且赞美荷花。学生再借助注释阅读《尔雅》《周书》《诗经》中的相关语句，进一步穿越莲悠悠的历史，了解到古人对于莲的认识实际上分为两个阶段。再后来，孩子通过对周敦颐《爱莲说》中"予独爱莲……"等名句的阅读，感受到莲在文人墨客笔下的丰富意象。其间，我适时提供一些关于荷花的美丽图片给学生欣赏，丰富学生对莲的直观认识。这样，当学生再读诗句时，朗读当中明显带有了对荷花的喜爱之情。我再通过让学生欣赏带有莲花图案的年画、器物等，了解莲花一直以来就与人们的生活息息相关，并且了解到莲的意象中还带有人们美好的愿望，可见莲也是"祝福之花"。理解了这一点，再让学生给年画等取取名儿，并猜猜 1999 年澳门回归时，中央政府为什么赠送澳门特区一尊名为"盛世莲花"的大型雕塑。学生在交流的过程中认识到，原来莲还是"和平之花"，并对"莲""联""连"以及"荷""和""合"的谐音用法，有了初步的认识。最后，我还给孩子们呈现了象征宽容博爱的普陀山南海观世音菩萨——"海上生莲"，揭示莲还是"佛教之花"。还和孩子们一起欣赏了画家们笔下的莲花。

汉语文意象微课程《莲》一课的教学，仅仅是一种尝试。意象是情思的载体，通过教学，我只是想帮助儿童初步认识到莲的丰富意象，引导他们在今后阅读古诗词或观察事物的时候，懂得凭借直观可感的意象甚至图案等来窥探诗人、画家等的情思。笔者以为，作为一名语文老师，我们有责任也有必要在平时的教学中积极探讨意象教学的方法，从而有效提高小学生的阅读能力和文化水平。（朱惠慧执教）

第二节：唱游课

（一）希望（四年级）

教学目标：

1. 诵读诗歌，感受诗歌之美。
2. 辨析诗题，体会意象之美。
3. 仿写诗歌，领略创作之美。

教与学的重点：

辨析诗题，创作诗歌。

教学时间：

一课时

教学过程：

一、阅读歌词《兰花草》，体会爱花之情

出示：

阅读提示：朗读诗歌，用自己的话说说你读懂了什么。

兰花草

我从山中来　带着兰花草
种在小园中　希望花开早
一日看三回　看得花时过
兰草却依然　苞也无一个
眼见秋天到　移兰入暖房
朝朝频顾惜　夜夜不相忘
但愿花开早　能将夙愿偿
满庭花簇簇　开得许多香

同学们，这是一首曾经非常流行的校园歌曲的歌词。读一读，你读懂了什么？从哪里读出来的？

根据学生的回答继续引导学习：

为什么这么盼望兰花草早早开放呢？（因为美、香）

从哪里读出来的？

兰花究竟有多美？是一种怎样的美？我们来欣赏欣赏。

（出示兰花图）

你能用自己的话来描述一下兰花的美吗？

这是一种怎样的花？你知道她在中华民族传统文化中有怎样独特的地位吗？

如果用一个词来赞扬兰花，你会用哪个词呢？（高洁、高雅、纯洁、典雅、优雅……）

嗯，如此美丽、高洁的美好之花，怪不得人们如此盼望她开放。

让我们用充满期待的心情聆听这首美好的歌曲。

（出示歌词，配上《兰花草》的歌曲）

二、阅读《希望》，体会诗人理想

同学们，这首老百姓耳熟能详，十分喜爱的歌曲，你知道它的歌词原作者是谁吗？是我国著名学者胡适先生。

出示：

阅读提示：自由阅读（朗读）诗歌和诗人名片，你读出了胡适先生的哪些希望？

希　望

胡　适

我从山中来，带着兰花草，

> 种在小园中，希望花开好。
>
> 一日望三回，望到花时过，
> 急坏看花人，苞也无一个。
>
> 眼见秋天到，移花供在家，
> 明年春风回，祝汝满盆花。

请同学们自由朗读《希望》这首诗歌。结合阅读诗人名片，你觉得胡适先生有哪些希望？或者换句话说，他希望什么呢？以小组为单位，一起学习，共同讨论，相互启发。

大组交流。

同学们理解得都很深刻，现在你觉得《希望》和《兰花草》，哪个更合适做这首诗的题目呢？

出示：

> 三读提示：
> 朗读诗歌，你觉得两个题目哪个更合适？
> 要求：我们可以开展一次小小的辩论。
> 辩论的顺序：1. 陈述观点 2. 自由辩论 3. 总结陈词
>
> **希望（兰花草）**
>
> 胡 适
>
> 我从山中来，带着兰花草，
> 种在小园中，希望花开好。
>
> 一日望三回，望到花时过，
> 急坏看花人，苞也无一个。
>
> 眼见秋天到，移花供在家，
> 明年春风回，祝汝满盆花。

正反双方的理由都比较充分，《希望》直接点出了诗歌的主题，作者的愿望；《兰花草》则是一份寄托，一个意象。

三、补充阅读，体会意象之美

胡适把希望寄托在兰花草上，泰戈尔先生把希望寄托在一只小小的纸船上，我们来

欣赏。(学生静静地阅读)

出示:

纸　船

泰戈尔

我每天把纸船一个个放在急流的溪中。
我用大黑字写我的名字和我住的村名在纸船上。
我希望住在异地的人会得到这纸船,知道我是谁。
我把园中长的秀利花载在我的小船上,
希望这些黎明开的花能在夜里被平平安安地带到岸上。
我投我的纸船到水里,仰望天空,看见小朵的云正张着满鼓着风的白帆。
我不知道天上有我的什么游伴把这些船放下来同我的船比赛!
夜来了,我的脸埋在手臂里,梦见我的纸船在子夜的星光下缓缓地浮泛前去。
睡仙坐在船里,带着满载着梦的篮子。

你有希望吗?胡适把希望寄托在兰花上,泰戈尔把希望寄托在纸船上,如果把你的希望也写成诗歌,你会把它寄托在什么上呢?为什么?

希望同学们尝试着写一首让自己喜欢的小诗。

让我们再一起来唱唱这首充满希望的美好的歌曲。

(出示歌词,配上《兰花草》的歌曲和空谷幽兰的图片)

教学反思:

兰花是汉语文中传统且典型的文化意象,她的高洁、清幽历来为中国君子所钟爱。诗人们常常以兰花自喻,或寄情托志于其间。胡适先生的《希望》一诗,也属于其中的一首。这首诗在近现代文学史中占有极高的地位。胡适先生对国故的理想,对自由主义的向往,就浓缩在这首诗歌中。由于胡适先生倡导诗歌同体,所以,他的很多诗都是可以用来歌唱的,其中流传最广、影响最深远的就是由《希望》改编成的《兰花草》。

正因为孩子们对《兰花草》这首歌非常熟悉,也很喜欢歌唱,这就使得含义比较深远的《希望》成为小学中高年级的补充阅读材料。选择这个文本是基于我对儿童阅读教材质量的考量。我认为儿童阅读乱象必须得到根治,人生阅读的初乳必须是最纯正的中国文学,即使是浅显的儿童诗歌阅读,也应当引入中国文学的经典之作。只有这样,童年时代的积淀才会更加厚实,才可能取法乎上,得其中,为儿童言语生命的成长奠定基础。但同时我们又应当遵循儿童学习的规律,以适合儿童学习的方式来阅读经典作品,这才是教育的正道。

以儿童熟悉的知识过渡到陌生的学习材料,从解读文本的深入到教学策略的浅出,从《兰花草》的歌唱到《希望》的诵读,在唱游中辨析"兰花"的意象之美和诗人的意蕴寄托之深,就是我们设计这一课教与学的思想和实践思路。从课堂上儿童学习的投入度以及儿童言语生长的健康程度，我们能够比较清晰地看到儿童言语能力以及思维能力生长的过程。儿童也在教师引领下自主探索，在一遍遍思维层次渐深的唱游中表达自己独特的理解。儿童在这种舒心自由的唱游活动中体验成功的喜悦，这就是价值认同带给儿童的幸福体验。（刘昕执教）

（二）望月（六年级）

教学目标：

1. 通过对作品的阅读，帮助学生在情境中理解“月”的特殊含义。
2. 初步学习从内容和形式两个角度欣赏作品。

学习准备：

1. 复习一到五年级教材中学过的与“月”相关的古诗词。
2. 尽自己能力搜集与“月”相关的教材外的作品（古诗词、现代诗、散文……）。

教学流程：

一、复习背诵学过的关于“月”的古诗词

师：同学们，从一年级到现在，我们学过很多与“月亮”相关的古诗词。谁愿意带着大家吟诵？

生领诵，全班同学背诵教材中诸多与月亮相关的古诗词。

师：真不错，我们五年来学了将近二十首与月亮有关的诗词。这一节课，我们来欣赏与月亮有关的两首歌词。

二、欣赏《望月》

屏显：《望月》。

师：请同学们自由朗读这首歌词，读准确，想一想这首歌词想要表达什么。

请同学们围绕以下问题展开我们对作品的欣赏。

我们的话题：

谁在望月？这里的“你”是谁？歌中有一个怎样的动人故事？

（小提示：多读两遍，把你读到的故事和小组成员分享）

望 月

望着月亮的时候
常常想起你
望着你的时候
就想起月亮

世界上最美，最美的是月亮
比月亮更美
更美的是你
没有你的日子里
我常常望着月亮
那溶溶的月色就像你的脸庞
月亮抚慰，抚慰着我的心
我的泪水，浸湿了月光
月亮在天上
我在地上
就像你在海角
我在天涯
月亮升得再高，也高不过天
你走得多么远，也走不出我的思念
望着月亮的时候
常常想起你
望着你的时候
就想起月亮
世界上最美，最美的是月亮
比月亮更美
更美的是你

师：谁愿意和大家分享你读到的故事？

生：我读到了这样一个故事：一位白发苍苍的妈妈望着月亮想念自己的儿子。她的儿子正手握着枪守卫着祖国的边防线。

生：我看到一个小朋友和他的妈妈站在月亮下思念他的爸爸。他的爸爸到很远很远的城市里打工赚钱，好久没有回家了。

生：老师，我读到了我自己的故事：每当有月亮的晚上，我就会忍不住想起我的好朋友，他在去年转学回到山东老家了。我很想念他。

生：我也是读到了自己的故事：我常常会望着月亮想起我的爷爷。我的爷爷在今年去世了，他永远离开了我。以前夏天，爷爷总是喜欢在有月亮的晚上牵着我的手在我们新村的小公园里散步，给我讲很多故事，我特别特别想他。（孩子有些哽咽）

师：当你望着月亮想起爷爷和你在一起的许多往事，爷爷就不曾离去。你觉得呢？

生：是的，每次望着月亮想念爷爷的时候，就觉得爷爷就在月亮上，他在看着我笑。

师：这些故事真切、感人，充满了思念的味道。把自己放进歌词，放进刚才的故事，你就是这望月的人。能把这思念的味道朗读出来吗？

小组商量一下：用什么形式来展示你们的朗诵？为什么选择这样的方式？

（小提示：齐诵、领诵＋齐诵、分句对诵……任选一种）

生：我们小组是这样分工的：最前面的一部分和最后一部分由一个人来读，中间的部分其他三个人一起读。这样分的原因是，最前面的部分和最后面的部分是相同的内容，所以一个人读；中间的部分情感很浓烈，所以我们另外三个人一起读。

师：很有道理。歌词中出现了两段一样的文字，这是歌词写作经常使用的一种写作方法，叫作反复。有请你们小组展示朗诵。

生以小组为单位进行朗诵表演。

师：有不一样的分工合作方式吗？

生：我们小组选择了对话式的朗读方式。我们四个人分成两组，二人一组，一句一句地对着读。我们这样合作的原因是，我们觉得这首歌词一直用“你”怎么样，“你”怎么样的句式，就好像是在对话一样。

师：你们很会阅读，也很善于体会。“你”是第二人称，这首歌词正是用了第二人称的表达方式，这样的表达方式更直接，情感更浓烈。请你们小组来展示吧。

第二小组诵读展示。

师：还有哪些小组愿意展示呢？

学生纷纷举手。

师：大家都很想展示，你们的热情也感染了我呀，愿意带上我一起来表演吗？

生齐：愿意！

师：好，那我们选择一个大多数同学觉得好的方式来分工合作吧？

若干名学生发言。

师：看来，大家都觉得和我分句对诵最能表现歌词中浓烈的思念之情。那我们就开始吧。

师生分句深情对诵。

师：我们通过朗读表达了我们的理解，听听歌唱家宋祖英是怎么通过演唱表达作者情感的。

聆听音乐。

师：你听出了一种怎样的情绪？

生：非常浓烈的思念之情。

三、欣赏《月之故乡》

屏显:《月之故乡》。并出示阅读研究的话题。

> 我们的话题:
> 这首歌词和《望月》有什么不同?又有什么相同之处?
> (小提示:从内容和形式两个角度比较比较)
>
> **月之故乡**
>
> 彭邦桢
>
> 天上一个月亮
> 水里一个月亮
> 天上的月亮在水里
> 水里的月亮在天上
> 低头看水里
> 抬头看天上
> 看月亮思故乡
> 一个在水里
> 一个在天上

师:我们再来欣赏这首《月之故乡》。和《望月》对比阅读,你会有新的体会和感受。

学生四人小组展开对比阅读和相关话题的讨论。

师:有发现吗?

生:这两首歌词的相同之处是它们都是表达思念之情的,不同的是《望月》想念人,《月之故乡》是思念故乡。

师:是的,从内容上来看,两首歌词各有侧重。从形式来看有没有不同呢?

生:老师,我不知道自己说得对不对啊,我是这样觉得的:《望月》是"我"和"你"的对话,"我"向"你"倾诉"我"的思念,《月之故乡》是一个人的自言自语。

师:我要为你点赞,你的感觉很敏锐。如果说《望月》是一种倾诉,那么《月之故乡》则是一个人的浅唱低吟,让你感觉有哪首古诗的味道?

生:《静夜思》。

师:是的。如果请我们同学来为这首歌词谱曲,跟《望月》的旋律相比,你会有哪些改动?为什么?

生:更舒缓一些,更多一些忧伤。

师:哦,这是为什么?

生:"看月亮思故乡/一个在水里/一个在天上",遥远的故乡就是那水中的月,天上的月，看得见摸不着，回不去，这种忧伤是难以言说的。

师：真会读，读到作者的心灵深处去了。是的，这份思念好长好长，这样的夜晚好长好长，这样的低吟多么忧伤。让我们一起来欣赏这首歌的演唱，看和你心中流淌的感觉是否一样。

师生欣赏并浅唱这首歌。

四、欣赏画中的月亮

师：诗人的笔下有诗中的月，散文家的笔下有文中的月，词人的笔下有词中的月，画家的笔下有画中的月。

屏显一幅幅画面。

师：诗中的月也好，词中的月也好，歌中的月也罢，这月亮只是月亮吗？

生：不，这月亮是思念。

生：是亲情。

生：是爱情。

生：是祝愿，是美好……

五、欣赏散文中的月亮

师：是的，这月亮是一份情感的寄托，正如季羡林先生在《月是故乡明》中写的那样——

我曾到过世界上将近三十个国家，我看过许许多多的月亮。在风光旖旎的瑞士莱芒湖上，在平沙无垠的大沙漠中，在碧波万顷的大海中，在巍峨雄奇的高山上，我都看到过月亮，这些月亮应该都是美妙绝伦的，我都异常喜欢。但是，看到它们，我立刻就想到我故乡那苇坑上面和水中的小月亮。对比之下，无论如何我也感到，这些广阔世界的大月亮，万万比不上我那心爱的小月亮。不管我离开我的故乡多少万里，我的心立刻就飞起来了。我的小月亮，我永远忘不掉你！

——季羡林《月是故乡明》

师：先生一遍一遍地念叨"我的小月亮"，难道先生故乡的月亮真的就比异国他乡的月亮都要小吗？

学生四人小组讨论这个话题。

生：并不是先生家乡的月亮就比别处的月亮小，而是这月亮不仅仅是月亮，在先生的眼中这月亮寄托着家乡的很多人很多事。

生：可以说，这月亮在先生的心里就是家乡。

生：先生称呼"我的小月亮"，就好像是在呼唤一个自己最喜欢的孩子似的。

师：孩子们，我为先生喝彩，也为你们喝彩，你们是先生的知音，也是月亮的知音。是的，几千年来，月亮在我们中华民族这里是一份最美好的寄托与遥远的思念。

教学反思：

这是小学六年级语文综合课上一次教与学的现场呈现。再一次走进这个教学现场，我依然能够感觉到在音诗画交融的场景里，我与学生共赏月亮时的无限和谐与美好。再次回望当初这节课的设计和课堂中的生成与调适，我依然觉得汉语文意象主题教学微型课程是一个正确的选择，既指向儿童语文核心素养，更指向儿童道德认知，也就是作为一个健康的人的核心素养。这是一个以立德树人为核心的语文与德行养成融合的课程，而不仅仅是综合。

那么对于这样的课程，我们的教学方式一定要不拘一格，突破常规的灌输与教化，选择一种浸润的、渗透的审美途径。所以在教学内容的选择上，我们是有诸多考虑的。其一，作品本身是否是适合这个年龄段儿童理解的意象主题作品；其二，我们呈现给学生的阅读作品是否具有开放度，因为只有具有开放度的作品才有可能让儿童的言语思维呈现可视性，才有可能以自由、开放的方式引领儿童体验语言深度学习的快乐。

《望月》和《月之故乡》符合汉语文意象主题教学课程与教学策略选择的条件。它们都是月亮意象主题的作品；同时，它们是以歌词的体裁出现，以演唱的形式出现，为儿童喜闻乐见。就这两点已经足够让我们期待活泼生动、自由敞亮的课堂。在教与学的流程设计上，我们以两个开放的话题贯穿于儿童整个唱游的过程。第一个话题：你从歌词中读到了怎样的故事？第二个话题：你们小组会选择怎样的合作方式来展示你们的诵读？为什么选择这个方式？就这两个话题，儿童展开歌词的诵读、吟唱和歌唱。儿童在对唱游方式以及唱游表演艺术形式等的研究中，不但读懂了月亮怀人思乡的美好寄托，更逐渐明晰歌词中语言表达的形式，而当儿童明了语言表达的形式时，他们将同时捕捉到形式为内容服务的要义以及形式与内容相辅相成之妙用。在这种带有思维含量的唱游中，儿童比较轻松地抵达言意共生的现场。（刘昕执教）

（三）兰花（二年级）

教学目标：

1. 初步认识兰花，了解兰花，欣赏兰花的外在美和内在美。

2. 阅读《马兰花》，从中受到小小的启发。

3. 在诵读儿歌童谣中，通过自主合作学习，链接生活，自创属于孩子们自己的儿歌。

4. 通过学习诗句，自读感悟，能为兰花设计花语。

教学准备：

教学 PPT，拓展阅读材料《马兰花的故事》。

学习重点：

通过自主合作学习，链接生活，自创属于孩子们自己的儿歌。

学习难点：

通过学习诗句，自读感悟，能为兰花设计花语。

教学过程：

一、图片欣赏，激发兴趣

师：小朋友们，老师先带你们欣赏一种花。你可以看看花儿多彩的颜色，也可以欣赏它们的姿态，还可以插上想象的翅膀，想一想：花儿们像什么？

播放PPT，学生欣赏。

师：我们刚才看到的这些花儿都有一个共同的名字，知道他们都是什么花吗？

生：兰花。

师板书课题"兰花"。

师：你看到了怎样的兰花？

生：我看到了五彩缤纷的兰花。

生：我看到了千姿百态的兰花。

生：我看到了兰花很漂亮，像一个个小小的喇叭。

生：我看到的兰花像小铃铛，真可爱！

生：我看到了形态各异的兰花，有的像漂亮的蝴蝶，有的像可爱的铃铛……

师：小朋友们不仅善于观察，还特别会表达。真不错。

师过渡：兰花是中国十大名花之一，它以"叶秀花香"著称，不论是哪一种兰花，都带有宜人的幽香，它的香气浓而不烈，香而不浊。

师：今天这节课，我们就一起走进兰花的世界。

二、阅读故事，加深了解

师：瞧，这种蓝色的花儿叫马兰花，它们默默地开放在荒郊野外、戈壁大漠，很少被人关注，也没有人去宠爱它们，但它们却有着顽强的生命力。

生欣赏。

师：关于马兰花还有一个动人的神话故事，小朋友们想读吗？

出示《马兰花》故事，以小组为单位按提示阅读故事。

师：故事都读完了吗？你喜欢故事中的谁呀？喜欢可是需要理由的哟，谁能说得再具体点？

生：我喜欢小兰，因为她勤劳善良。

生：我也喜欢小兰，她不像姐姐那么懒惰，而是靠自己的劳动去创造美好的生活。

生：我喜欢文中的父亲，他为了孩子甘于付出。

生:我也喜欢小兰,她勤劳能干、心地善良。

师:那故事中的大兰和老猫小朋友们喜欢吗?如果大兰来到我们的教室,你想跟她说点什么吗?

生:大兰啊,大兰,你不能这么懒惰的。

生:大兰啊,你要是像你的妹妹小兰一样勤劳善良,我们就喜欢你了。

生:大兰,希望你以后改变自身的懒惰,不要指望不劳而获,要用自己的双手去创造美好的生活哟!

生:大兰,犯错了没关系,关键是要发现自己的错误并及时改正。

师:看来咱们班的孩子都是智慧型的,能辨别是非。是啊,生活中总是善有善报,恶有恶报,我们要有真、善、美的心灵,那样才能创造幸福的生活。

三、趣读童谣,续编童谣

师:小朋友,关于马兰花,民间还有不少儿歌童谣呢!

出示:

一二三四五六七,马兰开花二十一。

二五六,二五七,二八二九三十一;

三五六,三五七,三八三九四十一;

……

九五六,九五七,九八九九一百一!

师:据说这首童谣最初是在小朋友们跳皮筋时传唱的,谁想来读读这朗朗上口的童谣?

生读得很有节奏。

师:老师给你们配上音乐,读起来会更有感觉。先听听音乐的节奏,自己在下面读一读,看看能否读出节奏,读出韵味。谁来美美地读给全班小朋友听?

指名 3 名学生读,一个读得比一个带劲。

师:有没有哪个聪明的小朋友知道这里的省略号里省略的是什么?开火车说。

生:四五六,四五七,四八四九五十一。

生:五五六,五五七,五八五九六十一。

生:六五六,六五七,六八六九七十一。

生:七五六,七五七,七八七九八十一。

生:八五六,八五七,八八八九九十一。

师:一首童谣在不同地区读起来也不一样,这是各地不同的方言造成的,你也可以试试用你的家乡话来读一读。谁来试试?

生用方言(有四川、安徽、河南的方言,还有家乡南通的方言)朗读。方言朗诵的形式,让孩子们耳目一新,所以特别有兴趣。

师:《马兰开花》的版本也有很多种,主要不同就在开头那句上。由于时代发展,有的根据我们小朋友的玩具变化而不同:

当孩子们玩皮球时,他们嘴里念叨着:……

当他们拥有汽车玩具时,男生齐读:……

当他们课间踢毽子时,女生齐读:……

师:小朋友,你们在玩些什么游戏呢?都来当一回小诗人,编编有趣的童谣吧!小组合作学习,先说一说,再请每组小组长记录下来,然后全班交流,比比哪一组最有创意!

小组交流:

生:一根绳,跳呀跳,马兰开花二十一。

二五六,二五七,二八二九三十一;

三五六,三五七,三八三九四十一;

……

九五六,九五七,九八九九一百一!

生:小陀螺,转呀转,马兰开花二十一。

二五六,二五七,二八二九三十一;

三五六,三五七,三八三九四十一;

……

九五六,九五七,九八九九一百一!

生:鸡毛毽,踢呀踢,马兰开花二十一。

二五六,二五七,二八二九三十一;

三五六,三五七,三八三九四十一;

……

九五六,九五七,九八九九一百一!

兰在歌中唱。

师:小朋友们真是太有智慧了,个个都成了出色的小作家了,奖励你们听首歌,希望你们也能像马兰花那样,无论生活环境有多恶劣,都能保持自己最旺盛的生命力。

播放歌曲《马兰花》。

大部分孩子跟着音乐欢快地歌唱起来。

四、拓展延伸,推荐兰花诗,初步了解兰花的品质

师:小朋友们,马兰花只是兰花中的一种。兰花的品种有很多,据不完全统计,全世界兰花的品种有四万多种,中国兰花主要为春兰、建兰、寒兰、墨兰、蕙兰五大类。

师:我们小朋友熟悉的朱德元帅一生酷爱兰花,视其为“国宝”。他养兰,咏兰,写下了近四十首咏兰的诗词。此外还有很多文人墨客也写下了许多赞美兰花的诗。

康熙皇帝喜欢兰花的姿态，你来读。

明朝薛网对兰的香味描写特别巧妙，谁来读？

指名读。

师：人们常说：书读百遍，其义自见。下面我们来开展一个比赛，看看谁能快速地将这些诗句都装进聪明的小脑袋。多读几遍一定行！谁来挑战一下？

很多学生主动挑战，大部分孩子能迅速掌握。

师：每一种花儿都有自己的特色，同样，每一种花都有自己的花语，如人们常用顺利、心想事成等词语作为百合花的花语。读读这些诗句，你会用哪些词语来形容兰花的花语呢？小组内先讨论讨论，再写在花语名片上。看看哪一组想得多，想得妙。

老师友情提醒：你可以用诗中的词语，也可以用自己想到的词语。

五、总结提升

师：小朋友，兰花是中国传统名花，梅、兰、竹、菊被称为花中四君子，古人赞曰："兰之香，盖一国"，故兰花有"国香"的别称。兰花象征高尚、典雅、坚贞不渝，它也成了许多文人墨客赞美的对象。有机会我们还可以一起去品读关于兰的其他诗词，进一步走进兰花的世界！

六、作业超市

师：最后，我们一起去作业超市逛一逛吧！自己读一读。

1. 擅长摄影的小朋友，你可以带上相机去拍一拍兰花的美。

2. 爱好画画的小朋友，你可以拿起手中的笔画一画兰花。

3. 喜欢诗词的小朋友，你可以去找一找关于兰的诗词。

4. 爱好写作的小朋友，你可以去写一写兰的姿态、香味，如果加上想象，文章一定会更生动哟！

每个小朋友任选两项作业，下节课我们一起来交流。这节课就到这里！

教学反思：

今天，我所执教的《兰花》是意象语文自编阅读教材"花语"系列第一课时。我总认为，课堂如旅行，处处皆风景。下面，我想结合我对这一理念的理解，来谈谈我今天的课堂。

当下，来一趟"说走就走的旅行"虽然很时髦，但学习与背包客们的探险之旅还是有区别的，因此在课堂旅程开始前，我还是做好充分的准备，因为教什么比怎么教更重要。考虑到学段特点，我选择了兰花作为学习的内容。兰花是中国传统名花，梅、兰、竹、菊被称为花中四君子，兰花象征高尚、典雅、坚贞不渝，它也是许多文人墨客赞美的对象，我国古代常以君子、雅士、幽人等来称颂兰花。兰花虽不起眼，但香气却居群芳之首，古人将其誉为“香祖”“国香”和“天下第一香”，孔子称兰花为“王者之香”，值得学习和品味。教学中，我选取了孩子们喜欢的神话故事《马兰花》和儿歌童谣，准备了为兰花设计花语趣味语文实践活动，帮助孩子们初步了解兰花。

都说只有选择恰当的教学方法，才能最大限度地调动学生的学习主动性，从而收到良好的学习效果。因此，在课上，我主要采用图片赏析激趣，学生自主读悟，合作交流；师生、生生互动，创设实践语言的机会；通过小练笔尝试，提高学生运用语言的能力；等等教学方法。从课堂表现来看，孩子们的学习主动性、积极性都给充分调动起来了。

一个人的旅行总是孤独的，有兴趣相投的旅伴同行，不仅可以互相交流与分享，还能领略更多的风景，收获更多的感受。课堂教学同样如此，我们不能仅仅关注少数“尖子生”，而应让更多的孩子参与进来。课堂小组合作学习是高效学习的有效方式之一，这样不仅能更好地培养学生的合作精神，还起到互动、互补的作用。通过合作讨论，努力实现情感与情感的交融，思想与思想的碰撞，让我们的语文课犹如一次难忘的旅行，让学生领略更多别样的“风景”。因此在课堂教学中，我多次让孩子们合作学习，同桌互助，小组合作等，让学生人人参与到其中，人人动口，人人动脑，让学生在读中理解、领悟、品味、积累，进行听说读写的语文实践活动。

描写兰花的诗词众多，朱德总司令一人就写下近四十首，但是这些诗句都较难理解。于是我从中选了三首较有代表性的诗，让孩子们熟读成诵，努力让他们做到“书读百遍，其义自见”，从形状、香味、品质等方面对兰花进行初步的了解，继而为后面设计花语打下铺垫。我总感觉，一堂好的语文课应该是教师带领着学生去“旅行”，更重要的是为学生带来独特的体验和感悟，使学生通过自主学习、合作探究、踊跃展示等多种方式获得新知、开阔视野。

美国著名的教育家杜威曾说过：“教学绝不仅仅是一种简单的告诉，教学应该是一种过程的经历，一种体验，一种感悟。”新课标也明确指出，我们要改变过分强调接受学习的要求，指导学生主动参与，乐于探索，努力培养学生各种能力。所以说，我们的课堂教学更应当如同旅行，只有这样，我们的课堂才会随处是风景，让每个学生都徜徉于“课堂教学”的旖旎风光中。我愿今天的孩子们能和我一起走进兰花的世界，能在课堂上有所收获并继续探索这婀娜多姿、高雅圣洁的花中君子——兰花！（徐云执教）

第三节　活动课

（一）梅（四年级）

教学目标：

1. 感受诗、文、画中不同形态的梅花，体会梅花外形的美。
2. 感悟梅花的精神，提升审美境界。

3. 通过写梅花，画梅花，体验动手表现美的乐趣。

4. 通过实践增强小组合作学习的意识与能力。

学习重难点：

通过读、写、议、画感受梅花的美丽，感悟梅花的精神。

教学过程：

一、赏画

师：今天老师给大家带来了几幅图，我们一起来欣赏一下。（出示图）

师：看懂了吗？这里有图也有画，但主角都是——

生：梅花。

师：你觉得梅花美吗？

生：美。

师：美在哪儿呢？

生：我觉得它的颜色很美，有红的、粉的、白的。

生：它的姿态很美。

生：我觉得雪中的梅花特别美，让人感受到它不畏严寒。

二、赏文

师：梅花花期在晚冬与早春之间。梅花的颜色很多，有红的、黄的、白的、粉的，甚至还有绿的，常见的是红色与白色两种。赏完图中的梅花后，我们再来欣赏一下文中的梅花，定会让你另有收获。

师：请自由读一读文章，把你喜欢的那一部分多读几遍。

生自由读文章。

师：请再次默读文章。你觉得文中的梅花美吗？哪句话让你感受到梅花的美？将这句画出来，再多读几遍，用你的朗读表现出来。

生默读完成后自由朗读。

师：你想读哪一句？

生：一树的金黄，圆圆的花骨朵儿小巧可爱，绽放的花儿笑意盈盈，荡漾在枝头，在寒冷的冬日里显得妩媚妖娆。

师：你觉得句中的梅花美在哪儿？

生：这句写出了梅花的颜色、形态。

生：这句让我感受到梅花花骨朵儿的饱满小巧，花朵的灿烂。

生：这句让我感受到作者对梅花的喜欢。

师：请你读好这句话，读出你的理解。

生读。

师:请再仔细读读这句。作者用了什么方法来表达自己的喜爱?

生:这句使用了拟人的手法。"笑意盈盈""妩媚妖娆"都说明作者赋予梅花以人的情绪与姿态。

师:请你来读好这句。

生读。

师:还有哪里写出了梅花的美?

生:远远的,那一股馨香就扑鼻而来,直钻进了人的心坎里,回味悠远……

师:你为什么读这句呢?

生:这句写梅花的香味,香进了人的心中,香气宜人。

生:老师,我补充一下,这里的省略号让人感到意味深长。

师:你们说得真好,读文章不仅仅是读文字,我们还要读标点。

师:请所有的女生一起读好第 1 自然段。

生:老师,我觉得这里写得很美:"梅花是冬的精灵,雪的姐妹,春的使者。雪是舞的精灵,是雨的精魂。雪映梅花,梅花傲雪,清雅俊逸。"

师:为什么呢?

生:这一段写得很生动,读起来朗朗上口。

师:是呀! 这是一组短句,读起来富有韵律与节奏感,让人感受到梅花的灵气与傲骨。

师:谁来把这种感觉读出来?

生读。

生:老师,我喜欢这一段:"梅以它的高洁、坚强、谦虚的品格,给人以立志奋发的激励。在严寒中,梅开百花之先,独天下而春。因此梅又常被民间作为传春报喜的吉祥象征。梅的冰肌玉骨,凌寒留香被喻为民族的精华而为世人所敬重。"

师:为什么呢?

生:这段让我感受到梅花百折不挠的精神。

师:你还会用什么词来形容梅花?

生:自强不息。

生:不畏严寒。

师:在人们心目中,梅花象征浩然正气,象征自强不息、百折不挠的精神,象征吉祥。

师:请你读一读,读出梅花傲雪凌霜的精气神儿。

师:作者不仅爱梅花的外形,更爱梅花的品格,爱它的高洁、坚强、谦虚。作者称赞梅花"是冬的精灵,雪的姐妹,春的使者"。让我们一起读好这一部分。(板书:外形、品格)

三、赏诗

师:梅花自古以来,便因其形美意深而受到文人的青睐。让我们一起再来感受一下诗词中的梅花。

出示诗词：

梅　花

【宋】王安石

墙角数枝梅，凌寒独自开。

遥知不是雪，为有暗香来。

雪　梅

【宋】卢梅坡

梅雪争春未肯降，骚人阁笔费评章。

梅须逊雪三分白，雪却输梅一段香。

（未肯降〈xiáng〉：不肯服输。骚人：诗人。阁：同“搁”，放下。评章：评议，这里指评议梅与雪的高下。）

咏　梅

毛泽东

风雨送春归，飞雪迎春到。已是悬崖百丈冰，尤有花枝俏。

俏也不争春，只把春来报，待到山花烂漫时，她在丛中笑。

（花枝俏：梅花开得最俏丽。待：等到。山花烂漫时：漫山遍野的花开得十分绚烂时。她：指梅花。）

师：请轻声地自由读读这三首诗词。参照注解，试着理解诗词的意思。

生自由读。

师：第一首诗是大家非常熟悉的，我们一起来读一读。

生齐读。

师：还有两首，谁愿意站起来读给我们听听？

生读。

师：请从三首诗词中选一首最喜欢的，在小组内用自己喜欢的方式合作朗读。

生展示读。

师：你们为什么选择这种方式读？

师：从这三首诗词中，你能感受到诗人对梅花是一种怎样的情感吗？

生：喜爱之情。

师：爱梅花的什么？

生：外形与品格。

师：是呀，无论是古人还是今人，那么喜爱梅花，不仅仅是因为梅花美丽且幽香宜人，更多的是他们从梅花身上看到了一种——精神。

师：你觉得梅花的精神是什么？可以用一个词或一句话来说一说。

生：坚韧不拔。

生：百折不挠。

生：自强不息。

生：浩然正气。

生：傲雪凌霜。

师：是呀，难怪人们把松、竹、梅称作"岁寒三友"，尊梅、兰、竹、菊为"四君子"。所以文人写它，诗人吟它，画家画它。

四、写梅

师：课前，同学们在美术课上进行了《梅花图》的创作。今天，我们把作品也带到了这里。看着自己的作品，你能不能学着从外形或品格上来赞赞你们的梅花？可以这样开头：我们的梅花……

师：请在小组内交流一下你们所写的内容，相互取长补短，选出一名写得最好的，在班上交流。

生小练笔并组内交流。

生展示作品。

师：同学们的梅花图画得美，写得更棒。我相信正是因为你们心中有这样的梅花，才会画出、写出这样的梅花。再次将掌声送给自己。

五、总结

师：今天，我们一起在课堂上感受了梅花的风韵，愿梅花凌寒留香、自强不息的形象永留我们心间，激励我们不断前行。

教学反思：

2015年初，我校开展了审美教育之意象语文教学活动，感悟自然万物外在的美丽与内在的精神品质。根据校长要求，我要在江苏省小学语文特级教师"审美课堂"专题行暨情境教育推广活动中上一堂公开课，内容自定。

接到任务，我便开始了选材，翻阅了学校各年级意象阅读校本教材。梅花，这一在严寒中绽放的精灵，花中的君子，成为我的首选。意象阅读的课堂与传统的语文课堂有所不同，也没有模板。相对于教师的讲解传授，意象阅读更侧重于让学生在比较阅读中感悟。课堂也与传统语文课堂不同，同样是40分钟，传统语文课是对一篇文章的精读，而意象语文课则不局限于一篇文章，它可以是几篇文章甚至是画、诗、文的结合。意象语文的课堂是审美的，是同一个主题下美的综合，是最大限度让学生感悟的课堂。

因此，在这堂课的设计上，我从图片入手，通过出示不同姿态不同色彩的梅花，让孩子看到梅花美丽的外形，一下子被其吸引。欣赏图片很简单，语文课上还要让学生学会欣赏文字中的梅花。因此，我为学生提供了一篇《梅花》的节选，希望学生通过品读文字，能在脑海中重现文章里的那株梅花，同时将梅花的美丽通过朗读表现出来。课堂上孩子们的表现很棒，不仅抓住"灿烂""金黄""小巧可爱"等词体会，还关注了修辞手法，抓住了第一自然段中的省略号，体会到淡淡梅花香萦绕心头的感觉。听了学生们的朗读，我似乎也看到了那株梅花，闻到了那淡淡的花香。

当然意象阅读不能仅仅停留在欣赏梅花的外在美层面，还要感悟梅花的意象，也就是它的精神品质。我用"作者仅仅是因为梅花的美丽就喜欢它的吗？"这个问题来提示学生深入阅读。于是看着雪中梅，读着文中梅，它自强不息、百折不挠、凌霜傲雪的意象便自然而然出现了。我又适时出示赞美梅花的诗词，并配上注释，便于学生理解。此时让学生自行选择喜欢的一首，采用多种形式诵读，并说说理由，将梅花的形象内化于心。最后一个环节，便是赞赞自己画中的梅花。课堂的最后一环节也是学生展示课堂学习体会的一个环节。得到展示机会的孩子，从外形到内在，将自己小组绘画作品中的梅花赞了个遍，也为自己赢得了掌声。可以说，这堂课学生学得很轻松，在看看、说说、读读、夸夸中感受了梅花的意象，也领略了语言文字的魅力。（王艳执教）

（二）荷叶圆圆（二年级）

教学目标：

1. 观察荷叶，想象说话。

2. 在游戏活动中感受荷叶的美好。

学习重难点：

通过想象说话，体会荷叶的品质。

教学过程：

师：小朋友，在这大大的湖边，你看到了什么？荷叶是什么样的？

生：荷叶大大的，圆圆的。

生：荷叶碧绿碧绿的。

师：谁来用自己的话说说你看到的荷叶？

出示句子：荷叶圆圆的，绿绿的。

师：你说得慢一点，荷叶就变得更美丽了。今天，我们来学习写一写荷叶，夸一夸荷叶，好吗？

师：圆圆的荷叶吸引了哪些小伙伴呢？小伙伴们又把荷叶当成什么了？

请小朋友用自己喜欢的方式来说说、夸夸，把一句话说通顺。

生练说。

师：荷叶吸引来了谁，它把荷叶当成了什么？

生：荷叶吸引来了小水珠，小水珠把它当成了摇篮。

生：荷叶吸引来了小蜻蜓，小蜻蜓把它当成了停机坪。

生：荷叶吸引来了小青蛙，小青蛙把它当成了歌台。

生：荷叶吸引来了小鱼儿，小鱼儿把它当成了凉伞。

师适时指导点拨，帮助儿童修正表达。

师：小朋友的观察能力和说话的能力可真强，第一遍就说得这么好，真了不起！

师：我们坐下来，两个小朋友面对面坐，互相说给对方听，互相做小老师。

师：老师刚才已经把我们小朋友说的话写下来了，它变成了一首诗歌呢。

师：现在啊，小伙伴们都到荷叶上去玩了，你们想去吗？你喜欢谁，就变成谁，把那一段说给你的组员听。

师：谁是小水珠呀？请你说给大家听。

生：小水珠说："荷叶是我的摇篮。"小水珠躺在荷叶上，眨着亮晶晶的眼睛。

师：小水珠躺在荷叶上，眨着亮晶晶的眼睛呢！谁来做做这样的动作？

生做动作。

师：瞧，多可爱的小水珠呀！谁能说出小水珠的可爱？

生美美地说。

师：让我们闭上眼睛。现在呀，我们就是那一颗颗可爱的小水珠了，躺在这圆圆的，绿绿的荷叶上。这时，风姐姐轻轻一吹，我们就随着风摇啊摇啊，像躺在摇篮里。什么感觉？

生：好舒服呀！

师：请你很有感情地说出这种感觉。

生带着舒服的感觉美美地说。

师：带着这样的感觉一起说说看。

师：瞧，小蜻蜓也飞来了。谁再来说说呀？

师：你们知道停机坪是什么吗？

生：知道，停飞机的地方。

师：是啊，停机坪就是停放飞机的场地。瞧，小蜻蜓展开翅膀停靠在荷叶上，难怪，小蜻蜓说荷叶是我的——停机坪。

师：现在老师就是荷叶姐姐，谁是立在我身上的小蜻蜓呀？

师：小蜻蜓，你好！你从哪里来呀？

生：我从很远很远的地方赶过来的。

师：那你在干什么呢？

生：我一边飞一边捉虫子呀！

师：真辛苦呀！赶快休息休息吧！

师：小蜻蜓，你也可以立在草地上、广场上休息呀。为什么选我做你的停机坪呢？

生：你的身子又大又柔软，在你身上休息可舒服了。

师：嗯，小蜻蜓一见到荷叶就特别高兴，也格外精神，它立在荷叶上，还展开它那对大翅膀呢！谁来一边做动作，一边说？

生一边做动作一边说。

师：这只小蜻蜓开心的。想当小蜻蜓的，都站起来读，比比哪只小蜻蜓最快乐，最神气！

师：哪只小青蛙来说说自己的感受？

生说。

师：既然是放声歌唱，声音就该——

生：大一些。

师：小青蛙唱得这么大声，一定是有什么开心的事。一起听听看，他们在唱什么？

生：今天捉到的虫子真肥呀！

生：跳高比赛我拿了第一名呢！

师：小青蛙唱得多开心啊！我们来比赛，看看男生女生谁说得更高兴。别忘了做动作哟！

生边做动作边说。

师：谁来做做小鱼儿说说你的故事呢？

师：老师也想做小鱼儿，让我们来比一比。我可以边做动作边说，特别有意思。谁敢来挑战我？

生挑战。

师：你说得比老师还好！

师：小鱼儿，听得出你很喜欢荷叶，为什么呢？

生：我们躲在荷叶下乘凉，玩游戏，别提多带劲了。

师：那你在荷叶下游来游去，玩些什么游戏呀？

生：我们玩捉迷藏呢！

师：难怪你笑嘻嘻的呢！多开心呀！

师：想做小鱼儿的，都站起来吧。一起说说看。

师：小朋友，荷叶圆圆的，绿绿的，吸引来了这么多小伙伴。还有谁也会来呢？它会在荷叶上干些什么呢？我们来做一回小诗人，尽情地表达感情吧。

生：小蚂蚁说："荷叶是我的游船。"小蚂蚁坐在荷叶上，看着美丽的风景。

生：小甲虫说："荷叶是我的练习场。"小甲虫在荷叶上练习格斗。

生：小鸭子说："荷叶是我的太阳帽。"小鸭子头顶荷叶，觉得可凉快了。

生：小蝴蝶说："荷叶是我的舞台。"小蝴蝶飞到荷叶上，展开美丽的翅膀，翩翩起舞。

生：小蜜蜂说："荷叶是我的瞭望台。"小蜜蜂立在荷叶上，东张西望，寻找花粉。

生：西瓜虫说："荷叶是我的运动场。"一群西瓜虫爬上荷叶，高兴地举行跑步比赛。

生：小蜗牛说："荷叶是我的大床。"小蜗牛躺在荷叶上懒洋洋地晒太阳。

生：小蚱蜢说："荷叶是我的蹦蹦床。"小蚱蜢跳到荷叶上，一上一下快活地蹦着。

师：我们班的小朋友个个都是小诗人，把你们写的连在一起，再加上题目，就又是一首完整的诗了。全班小朋友还可以出一本诗集呢！真了不起，来，给自己鼓鼓掌！

师：荷叶，是夏日里一首清凉的小诗，给我们带来凉爽；荷叶，是阳光下跳动的音符，谱写了一首优美的乐章。从古至今，文人墨客竞相赞美荷叶、荷花，并留下了许多优美的诗篇。星期天，请小朋友和爸爸妈妈一起到家附近的荷塘边走一走，再找一找有关荷的诗篇读一读。

教学反思：

《荷叶圆圆》是盛夏季节，在美丽的荷花池边开展的一节活动性语文课。荷塘里那圆圆的荷叶给小动物和小朋友们带来了很多欢乐。整堂课采用观察、诵读、想象、作诗等教学方式，充满童趣，小朋友非常喜爱。既结合了活动课的特点，在教学中激发学生的想象力，培养学生的口头表达能力，又创设了生动乐学的氛围，学生通过眼、耳、手、足、脑的各种活动，动用全部认知方面的储备，唤起求知的欲望，强化学习的动机，获得学习的乐趣，养成健康的个性。

为了让学生了解荷叶的姿态，并有序、形象地描述出来，我将学生分成六人一组，让学生各自拿出小手，平展着，作荷叶状凑在一起，引导学生想象每一小组就是一池荷叶，帮助他们理解"挨挨挤挤"的姿态。由于教学中增加了角色体验，学生学得轻松，丰富了感性认识，课堂达到了一种情理交融、情知和谐、美善相乐的境界。

课堂上，让学生充分发挥想象，说说假如自己此时就是一滴小水珠躺在荷叶上，最想说什么；假如此时自己就是那只青蛙蹲在荷叶上，会唱什么。不仅引导学生学着"呱呱呱"地叫，还让学生想象青蛙唱着《拍皮球》等小朋友爱唱的歌曲。给学生一双想象的翅膀，让语言文字变得有声有色。

课标对低年级学生说话和写话提出明确要求。要求学生说完整的话，结合课文美丽的插图，培养学生有顺序地观察，并把自己观察到的用通顺的句子表达出来的能力。抓住文本的空白处让学生想象说话，拓展延伸。这些都可以贯穿在课堂教学实践中。如在教学中，让学生想象小蚂蚁会把荷叶当成什么，自己会把荷叶当成什么，再模仿句式进行说话训练。

整节课让学生主动参与语文教学全过程，从而达到动智与动情的完美结合，建立起一种以活动促发展的新型语文教学模式，让学生真正掌握学习的主动权。更重要的是，在这样开放的户外活动课上，儿童学习的痕迹淡化了，而对于荷叶的美好，也有了最初的认识。（丁静静执教）

(三) 小船(三年级)

教学目标:

1. 在游戏活动“让纸船漂流”中倾诉心中的情感,表达自己的希望。

2. 阅读冰心作品《纸船》,感受“舟”的文学意象。

学习重难点:

感受“舟”的文学意象。

教学过程:

师:亲爱的小朋友,这节课,我们来折一艘小小的纸船,然后我们到濠河边上让我们的纸船向远方漂流,愿意吗?

生:愿意!

师:好。我们的活动有这样几个流程:首先用自己带来的彩纸折一艘纸船;其次给你的纸船起个名字,比如说“××号”,并告诉小组里的伙伴你为什么要起这个名字,这个名字有什么意义;然后请写一张小卡片藏在小船里,上面写上你想让你的小船漂到哪里或者你有什么样的愿望要托小船带给远方的谁;最后我们一起去放纸船。

生非常兴奋,按照要求完成制作环节。

生在小组里交流船名和希望卡。

师:现在请每个小组推荐一位小朋友来介绍自己的船名和希望卡。

生:我的小船名叫“希望号”,因为我把自己的希望寄托在上面,所以取名“希望号”。我的希望卡上写着:我的“希望号”小船,我想请你漂到我奶奶家门口的小河,告诉我的奶奶,我很想念她,寒假一到,我就会回到乡下的家去看望她。

师:为你点个赞,你把对奶奶的想念寄托在小船上,名字起得也好!还有谁想和我们分享?

生:我的小船叫“太阳号”,我起这个名字是希望看到我的纸船的小朋友感受到我的友情,我的友情像太阳一样温暖。我在希望卡上写着:漂吧,漂吧,我的小纸船,请你漂到贫困的山区,漂到那个孤孤单单的小朋友脚边,虽然我不知道他是谁,但是我要告诉他,在很远的地方有一个小朋友祝福他,希望他快乐。

师:我知道了,你是要把温暖送给大山深处的留守儿童对吗?

生点头:是的。

六个小组全部交流完毕。师出示冰心的《纸船》。

师:小朋友,读一读这首《纸船》,你能读懂冰心奶奶的心愿吗?

学生自由朗读,小组讨论。

师:你们读懂了什么?

生：冰心奶奶把对她母亲的思念寄托在纸船上，希望纸船能漂到母亲的身边，告诉母亲自己有多么想她。

师：你们很会阅读，读懂了冰心奶奶的心愿。

师：老师还想和小朋友们讨论一个问题：冰心奶奶和我们小朋友为什么都选择把希望寄托在小船上呢？为什么不是选择其他的事物？这个问题好像有点难啊，大家讨论讨论。每个小朋友都要在小组里表达自己的看法。

生：因为小船是可以向远方航行的，可以带走我们的希望。

师：想得很好，因为小船可以远行。还有吗？

生：小船很自由，就像我们脑子里想的那些有趣的愿望，可以很快乐地想。

师：真不错，小船的这个特点也是我们选择它的理由。还有吗？

生：小船不怕风浪，勇敢。

师：的确是这样，有很多时候，要实现我们的理想也需要不怕风浪，不怕困难。

师：好，现在我们可以出发去放小船啦！

教学反思：

这是一节语文活动课，通过动手动脑甚至动腿的活动让儿童产生关于意象的真切体验。我们都知道，体验是指因身体性活动与直接经验而产生的感情和意识。体验使儿童学习进入生命领域。因为有了体验，知识学习不再仅仅属于认知和理性的范畴，它已经扩展到情感、生理等领域，从而使学习过程不仅是知识增长的过程，更是身心和人格健全发展的过程。

体验是新课程课堂教学改革的重要学习方式，强调身体的直接参与。学习不仅要用脑子思考，而且要把思考建立在用眼睛看，用耳朵听，用嘴说话，用手操作的基础上，也就是让儿童用自己的身体去经历，用自己的心灵去感悟。这不仅是理解知识的需要，更是激发学生生命活力，促进学生生命成长的需要。这样的活动更强调儿童学习的直接经验，即把儿童的个人知识和生活世界作为重要的资源，以此资源为基础延续儿童的学习，以帮助儿童完成从形象到理性，从表象到深刻的思维成长过程。

“舟”是汉语文中的一个重要意象：“小舟从此逝，江海寄余生”；“君看一叶舟，出没风波里”；“孤舟蓑笠翁，独钓寒江雪”……意象是一个很抽象的概念，但这并不意味着不能在儿童很小的时候就把这颗种子种在他们的诗心，所以儿童意象阅读课程是一个表面看上去充满矛盾，实际上和谐统一的课程。只不过，我们在教学的时候，要摈弃成人的视角，摒弃从理性到理性的学习方式，不需要在一节课中解决所有的问题，而是通过儿童式的渐进方式，为儿童提供一个具有可持续性的阅读和思维平台。从懵懂到清晰是需要很长时间的。在这节课中，看似平常的“起船名”和“希望卡”活动正是对低年级儿童进行意象阅读启蒙的重要途径。儿童在亲身参与活动后，理解起作品来显然更得心应手了。（陆险峰执教）

第二节　语文情境游戏课

一、课程简述

一直以来,我们都在探求理想的课堂应该是什么样子的。自新课改以来,越来越多的专家、学者、教师将研究的目光和视角聚焦在课堂,越来越多的教育工作者更多地关注课堂,关注学生,关注教育世界中真实的问题。研究视角的转变使我们的教育生态有了令人可喜的变化。然而,我们却不能太过乐观。观照现实,一线课堂依然存在这样或那样的问题:学生在课堂内感受不到知识的魅力,享受不到学习的乐趣,体会不到生命的成长。当下课堂生活依然是机械、单调、乏味和平庸的,甚至充满压抑和恐惧。儿童的个体性和独特性得不到应有的重视,在本应烂漫快乐、无忧无虑的童年,儿童过早地丧失对学习的热忱,对知识的渴求,对课堂生活的期盼。我们的教育不应该这样,我们的课堂更不应该如此。那么理想的课堂应该是怎样的?

理想的课堂应该是洋溢着生命温暖的课堂。课堂是学生学习的主要场所,同时也是学生与教师共同生活和成长的场所。理想的课堂应该包含着对人的生命价值的尊重,应该关注教师和学生紧密相连的课堂生命质量。课堂不应是老师一板一眼的说教,不应是枯燥无味的知识灌输,不应是学生低眉顺眼的服从,它应该有着"围炉夜话"的温馨和真诚,应该充满幸福明媚的阳光,应该洋溢着生命的温暖。

理想的课堂应该是充盈着欢笑的课堂。叶澜先生多年前提出"让课堂焕发出生命的活力",这是一个多么具有感召力的声音。著名的儿童教育家李吉林先生也说"小学应该是充满情感和智慧的世界,应该是充满生气与乐趣的儿童的天地"。作为儿童学习的主要场所,课堂不应该是一潭死水,应该暗流涌动;不应该是沉闷无言的,应该是热烈欢笑的。课堂上应该有笑声,这不是漠视沉默的力量,也不是反对沉静的思考,而是要求我们的教师尽自己所能,努力用自己的人格魅力或有效的教学手段把欢笑和积极的力量带入课堂,使学生乐学爱学,在和谐融洽的氛围中,愉悦地加入到课堂学习当中,这样我们才能让课堂焕发出蓬勃的生命活力,才能让我们的教育润泽孩子的心灵,温暖孩子的童年。

理想的课堂应该是情智共生的课堂。过去,我们的课堂普遍存在这样一个问题:过分强调知识的传授,却忽略了理智的培育,忽视了儿童情感的沉淀。李吉林先生提出"从着眼儿童发展的主旨出发组织设计教学,把训练语言与发展智力结合起来",要"把认知活动与情感活动结合起来"。显然,知识的传授、智力的发展和情感的熏陶是并行不悖的三条主线。理想的课堂不应止于欢笑有活力的课堂,不应止于让孩子兴致勃勃地参与课堂学习,也应该让学生在课堂之内感受到智力劳动的愉悦,感受到理智的独特魅力，感受到智慧之花的美丽绽放。

基于对理想课堂的探寻和理解，我们初步提出“情境—学科游戏”微型课程建设的想法。在原有的课程体系之内，逐步建构属于我们自己的学校课程，通过“情境—学科游戏”课程，改良儿童的课堂学习生活的现有生态，解放儿童心灵，让儿童在游戏中享受学习的乐趣，感受智慧的魅力，激发儿童的创造性思维，让儿童在自由、快乐的学习环境中快乐成长，同时也在一定程度上鼓励教师更多地关注儿童的学习生活和生命质量。

在儿童教育家李吉林老师的情境教育思想的润泽下，学校以情境教育思想为指导，优化教育情境，实践情境课程。情境教育催生了我校“情境审美教育”的办学思想，同时也催生了我校“情境—学科游戏”的课程建设。立足于情境教育思想，是实施好“情境—学科游戏”课程的根本。“情境—学科游戏”课程的建设，基于以下三点：

一、“情境—学科游戏”课程首先是立足儿童的课程。儿童是“情境—学科游戏”课程建设过程中首先要关注的。李吉林老师说“教学过程，准确地说，应该是促进学习者‘自我发展’的变化过程。教学过程只有通过学习者本身的积极参与、内化、吸收才能实现。教学的这一本质属性决定了学生是教学活动的主体，学生能否主动地投入，成为教学成败的关键”，因此立足儿童，把儿童本位的思想放在第一位显得尤为重要。“情境—学科游戏”课程的第一要义便是将课堂真正地还给孩子。情境是儿童的情境，游戏是儿童的游戏，用儿童的心思去设计游戏课程，用儿童的视角去组织游戏教学，用儿童的情怀去发现游戏魅力，让还处在感性思维活跃期的儿童在和谐快乐的“优化的情境”中主动活动起来，激发儿童的主动性，让儿童在游戏教学中产生学习动力，充分感受，主动探究，体验情感。

二、“情境—学科游戏”课程应该具有审美的特质。“情境—学科游戏”课程绝不是嘻嘻哈哈的游戏本身，也不是浅尝辄止的嬉闹玩耍。作为课程存在的学科游戏教学，承载着丰富的教育内涵。李吉林老师说“教学理应充分地体现美、利用美”，游戏作为一种活泼的呈现方式，一个教学的载体，理应蕴含美，展示美，让儿童在游戏中发现美。情境教育有五大原则，其中有一个原则叫“美感性原则”。李吉林老师认为“教学活动除了教给学生知识、完成认知的任务，还应包含着关于智力的、意志的、审美的、道德的内容，而这些内容又都是在完成认知任务的过程中协同进行、综合完成的。正所谓‘语文不仅是语文’，‘数学也不仅是数学’”，套用这样的话，我们的学科游戏也绝不仅是游戏，游戏性与审美特质共融共生，紧密地联系在一起。

三、“情境—学科游戏”课程应该体现儿童的游戏精神。德国教育家福禄贝尔指出：游戏是儿童内心活动的自身表现，是儿童最纯洁、最神圣的心灵活动的产物。游戏关乎儿童的心灵，游戏精神是一种儿童的精神，缺失了游戏精神的学科游戏是对儿童天性和儿童成长特性的漠视。不能单纯地认为游戏是一种外显行为的呈现，它更是儿童成长特质和儿童精神的有效表达。“情境—学科游戏”课程不仅仅是一种活动课程，更应该是一门展现和培育儿童精神的课程，应该是顺应儿童特性、符合儿童身心发展的课程。只有当游戏精神贯穿于学科游戏教学活动中,“情境—学科游戏”课程才有其价值。

随着新课程改革的不断推进和深入,越来越多的学校和老师明晰了课程改革的紧迫性和必要性。国家课程改革的主要任务是推进国家课程的最优化实施,而实现国家课程最优化实施的唯一途径就是国家课程校本化。如何更好地实施国家的基础课程、核心课程,如何在国家规定课程的基础上建设符合各自地域特点和学校特点的校本化课程,也成为许多教育工作者必须思考的问题。

长期以来,我国形成了“以纲为纲,以本为本”的教学格局。这里的“纲”就是国家规定的统一的教学大纲,这里的“本”就是国家规定的统一的教材。但自国家新课程改革以来,这种局面有所改变,“用教材教而不是教教材”,成为新课程改革的一句标志性口号。从“一纲一本”到“一标多本”,从“以纲为纲,以本为本”到“用教材教”,改革背后的深意就在于授予学校和教师更大的课程自主权。在此背景下,以新课程标准为依据,寻找符合自己地域特点和学校特点的校本化课程成为可能。

国家课程是国家规定的课程,是提高公民基本素质的有效保障,集中体现了一个国家在学校教育方面的基本要求。“情境—学科游戏”课程的提出也正是基于这点。“情境—学科游戏”课程坚持“以纲为本”的原则,在坚持国家课程改革纲要基本精神的前提下,以国家基础课程为基础,通过课程游戏课,为学校教育注入新鲜的活力。“情境—学科游戏”课程没有摒弃学科教育的特性,相反,游戏课程的设置更多地从学科属性入手,让“情境—学科游戏”课程成为实实在在的学科课程。

在李吉林老师情境教育思想的指导下,我们构建了符合儿童成长规律和学习规律的“情境—学科游戏”课程,分别为“语文学科游戏课”“数学学科游戏课”“英语学科游戏课”“科学学科游戏课”“美术学科游戏课”“音乐学科游戏课”“体育学科游戏课”“养成游戏课”这八种游戏课程,涵盖了国家所有的基础课程。同时,我们在学期初的课程表内给每周增加了一节“情境—学科游戏”课,在完成规定的国家课程之外,让“情境—学科游戏”课程真正地走进学生,服务于学生,使得校本课程不仅仅是停留在纸上,而让它常态化,制度化。

“情境—学科游戏”课程旨在解放儿童的天性,唤醒儿童的自我意识,激发儿童的创造性思维,培育儿童的精神特质。“情境—学科游戏”课程建设离不开课程所要遵循的学科属性,同时也需要在游戏这一开放的载体之上遵循学科课程的三大核心要素。我们将课程建设的核心要素归纳为以下三点:

首先,“情境—学科游戏”课程需要创建合适的游戏情境。

学科游戏课首先应该看到的是“蕴含丰富情感、蕴藏着潜能的活生生的儿童”。学科游戏课程要把儿童带入到“优化的情境”中去,让课程内容与儿童活动结合起来,与儿童的生活实际结合起来,与儿童的发展需要结合起来。这就需要我们在进行课程建设和课程教学的时候,创建合适的符合儿童心理发展特点的游戏情境,让学科游戏课既能保持学科特色，又充分展现游戏的独特魅力。让儿童进入优化的游戏情境中去，在游戏中学，在游戏活动的逐层推进中学得知识，掌握能力，激发潜能，增长才干。

其次，“情境—学科游戏”课程需要制定公平的游戏规则。

“情境—学科游戏”课程虽然是一个开放的学科课程，但依然需要游戏规则的制约。可以说，合理公平的游戏规则是每个学科设计游戏的重要一环，是学科游戏课有效开展的保障。公平性是游戏规则制定的基础，唯有公平的游戏规则才能让每一位儿童意识到自己在游戏活动中的重要性，从而更有利于他们发现自身的价值。虽然没有绝对的公平，但照顾到大多数学生是我们设计游戏课的标准。同时，游戏规则的制定应该简单明了，言简意赅，一目了然，兼顾低中高年级段所有层次的学生。游戏活动课的有序开展离不开合理公平的游戏规则。

最后，“情境—学科游戏”课程需要构建多元的评价体系。

游戏课堂中的升级评价体系是课程建设中需要考虑到的重要一环。教师需要改变由来已久的单一的知识评价体系，从游戏整体架构、学生的参与度、学生的自我发展等多角度来审视我们的游戏课程评价体系。我们的教学观念要从保守走向开放创新；我们的评价策略应该更加多元化，从重视知识、技术、技能传授向多样化方向转变。学科游戏课程虽然囿于班级制教学，囿于学科固有属性，但是它不是封闭性的。相反，学科游戏课程相较其他课程更具有开放性与生成性。正因为如此，我们的游戏评价体系应该从重结果转向重过程，从重教学目标转向重课堂生成，从重学生的所得转向重学生的个性成长。“情境—学科游戏”课程呼唤游戏评价体系的革新、教师评价方式的转变。它不是一成不变的评价体系，应该随着游戏课程的推进越来越完善，从而更有利于课程的整体建设，实现教学效果的最优化。

二、课堂呈现

（一）古诗大比拼

学习目标：

1. 巩固已学过的古诗，培养学生学习古诗的兴趣。
2. 通过比赛，促使学生将所学的古诗归类，加深对诗句的理解，增加积累。
3. 通过比赛，体会古诗文的独特魅力，加强对古诗文的感悟，增强文化底蕴。

学习重难点：

通过比赛，促使学生将所学的古诗归类，加深对诗句的理解，增加积累。

课前准备：PPT。

活动设计：

一、导入

1. 同学们，我国是诗的国度，古典诗词是我们中华民族一份宝贵的文化遗产。老师知道，同学们的记忆仓库中已储存了许多古诗。今天，让我们打开记忆之门，一起来猜一猜、填一填、背一背，来一场古诗大比拼，看看哪个队能获得本场擂台赛的金奖，好吗？

二、宣布规则

下面我来宣布比赛规则：今天的比赛分六个队进行，各组的基础分均为100分，答对一题得10分，答错一题扣10分，最后按得分高低分别设立金奖、银奖及鼓励奖。

三、比赛过程

1. 第一关：古诗名句对对碰。

主持人：唐宋诗人为我们留下了许多千古名句，这些诗句不仅读来朗朗上口，而且能给人以启迪。接下来，就让我们闯入第一关"古诗名句对对碰"，来对一对这些名句。答对每一组的四句就得10分。（请各组组长上台抽签，根据题号回答）

主持人：第一关比赛已经结束，暂时领先的是（　　）队。让我们用热烈的掌声祝贺他们，希望其余几队再接再厉，在下面几关中取得好成绩。

2. 第二关：记忆大奉送。

主持人：小学六年来，我们背诵了很多脍炙人口的小诗，下面让我们打开记忆的闸门，进入第二关——"记忆大奉送"。

(1) 背思乡诗，每背对一首加10分。

(2) 背送别诗，每背对一首加10分。

(3) 背边塞诗，每背对一首加10分。

(4) 背爱国诗，每背对一首加10分。

(5) 背描写儿童的诗，每背对一首加10分。

(6) 背描写春景的诗，每背对一首加10分。

主持人：让我们以热烈的掌声祝贺（　　）队在第二关比赛中取得好成绩，希望其余几队奋起直追，在第三关反败为胜。

3. 第三关：古诗趣味题抢答。

主持人：这一关为趣味题抢答。我说"开始"，大家便可站起来回答，违者视为犯规，将失去一次抢答的机会。按要求说出诗句得10分。

(1) 说出三句带有颜色的诗句。

(2) 说出三句带有数字的诗句。

(3) 说出三句带有植物的诗句。

(4) 说出三句带有动物的诗句。

(5) 说出三句带有地名的诗句。

(6) 说出三句带有花名的诗句。

主持人：经过激烈的角逐，比赛已到了白热化的程度，希望领先的小队再接再厉，落后的小队也不要气馁，让我们在最后一关中一决高低。

4. 第四关：风险大冲浪。

主持人：这一关为风险题，分值各不相同，分别为 10 分、20 分、30 分。选中后且回答正确，加上相应的分；回答错误，则扣去相应的分。请每队选手根据自己的实际情况，慎重选择。

(1) 得 10 分的题目：

① 说出《己亥杂诗》的作者并背诵这首诗。

② 背诵描写秋天的古诗。

③《蜂》的作者是谁？

④ 背诵一首描写西湖的诗。

⑤“忽如一夜春风来，千树万树梨花开。”这是千古名句，但却不是吟诵梨花的，你知道这句诗是吟诵什么的吗？

⑥“独在异乡为异客，每逢佳节倍思亲”中的“佳节”指的是什么节？

(2) 得 20 分的题目：

①《蜀相》诗中“出师未捷身先死，长使英雄泪满襟”指的是谁？

②“春潮带雨晚来急，野渡无人舟自横”出自哪首诗？

③“我劝天公重抖擞，不拘一格降人才”的作者是谁？他是哪个朝代的？

④“暖风熏得游人醉，直把杭州作汴州”中的“汴州”在现在的河南省什么市？

⑤“千锤万凿出深山，烈火焚烧若等闲。粉骨碎身浑不怕，要留清白在人间。”打一建筑材料。

⑥ 陆游的“零落成泥碾作尘，只有香如故”写的是什么花？

(3) 得 30 分的题目：

①“诗圣”“诗仙”“诗佛”分别指谁？

② 请说出历史上四位姓王的诗人。

③ 被称为“小李杜”的是谁？

④ 王维和孟浩然以什么诗闻名？

⑤ 谁被称为“边塞诗人”？

⑥ 说出唐宋八大家中的四位。

5. 主持人统计各队得分情况。

四、宣布获奖小队，颁奖

五、总结

同学们，今天我们在诗的海洋中畅游，收获一定不少，用一个成语来概括，可以说是“受益匪浅”。同学们，诗歌王国里还有许许多多的宝藏等待大家去挖掘，去开采。我们汉语的天地里到处是奇珍异宝，愿同学们多多采撷。

（陈晓清执教）

（二）巧记简称歌

学习目标：

1. 巩固掌握我国各省、直辖市、自治区、特别行政区的简称，增加记忆简称歌的兴趣。

2. 理解各省、直辖市、自治区、特别行政区的简称所对应的全称，感受祖国的幅员辽阔，激发爱国热情。

学习重难点：

理解各省、直辖市、自治区、特别行政区的简称所对应的全称，感受祖国的幅员辽阔，激发爱国热情。

课前准备：

写有简称的卡片、中国地图、吸铁石。

活动设计：

一、看车牌猜省市

出示各省市车牌，猜一猜：这些车来自哪里？

好多同学都不知道这些车来自哪里是吧？有朋自远方来，本来是不亦乐乎的，现在却不知其来自何方，那就一点儿也乐不起来了。不过，参加完今天的游戏之旅后，你们肯定能和这些车辆的主人交上朋友了。

二、读简称歌学对应全称

1. 出示简称歌，读一读，纠正读音。

2. 提出问题：

怎样才能既快又准确地记住简称对应的全称？

3. 小组讨论交流：

(1) 记忆的好办法。

(2) 各简称对应的风土人情。
(3) 你去过哪些地方?

三、游戏竞赛

1. 宣布游戏规则。
(1) 组长抽取简称卡片两张。
(2) 组员讨论对应城市全称。
(3) 将卡片用吸铁石固定在中国地图对应的位置上。
(4) 简介跟这简称有关的风土人情或故事等。
2. 宣布得分规则(错误不扣分)。
(1) 读对两个简称得 2 分。
(2) 答对两个简称的正确全称得 2 分。
(3) 贴对两个简称在地图上所对应位置得 2 分。
(4) 简介与简称有关的风土人情或故事等,一条得 1 分,不设上限。
(5) 得分最多小组获胜。
3. 想一想:你最想去哪里,为什么?

四、课后拓展

和爸爸妈妈比一比,看谁认识的车牌所属地区全称多。

(顾娟执教)

(三) 课本剧《蜗牛的奖杯》

教学目标:

1. 编演课本剧,使学生加深对课文《蜗牛的奖杯》的理解,进一步体会蜗牛在荣誉面前骄傲自满,从而阻碍了自己进步的故事内涵。教育学生在生活中做个谦虚的人。

2. 培养学生的口头表达能力、实践能力和创新精神,提高学生的综合素质。

重点与难点:

1. 使学生从课本剧的编演过程中学会在生活中做个谦虚的人。
2. 培养学生的口头表达能力、实践能力和创新精神。

教学准备:

1. 学习课文。
2. 准备头饰等道具。

活动设计：

一、谈话引入

1.《蜗牛的奖杯》这篇课文是一篇充满童趣的寓言故事，故事中蕴含着深刻的道理。大家想演一演课本剧吗？好，今天我们就根据课文自己来编演一出课本剧。

2. 回顾课文内容。

二、编写剧本

1. 我们将这个故事编为两幕剧本。第一幕是讲善飞的蜗牛第一次参加飞行比赛，获得冠军，拿到了冠军奖杯。第二幕是讲蜗牛获得冠军后，自我陶醉，不思进取，结果翅膀退化，奖杯成了坚硬的外壳，蜗牛只能在地上爬行。

2. 学生合作编写剧本，教师巡视指导。

三、展示剧本

1. 各小组轮流展示剧本，其余学生当评委，评出"最佳总制作"和"最佳总编剧"。

2. 取其精华，弃其糟粕。各小组吸取其他小组的长处，保留自己的特色，修改剧本。

四、排演剧本

1. 以小组为单位，由组长担任导演，按照本组刚才编写的剧本进行排演。

2. 学生排演，教师巡视指导。

五、表演课本剧

1. 小组演出，全班展示。一组表演时，其他组同学化身观众，仔细观看。

2. 一组表演结束，请观众讲一讲表演中好的地方以及不足的地方，最后评出"最佳演员"。

3. 评选出"最佳观众"。

六、创新剧本

1.《蜗牛的奖杯》这篇课文中的小蜗牛在获得飞行比赛冠军以后，终日陶醉在自己取得的成绩中，不思进取，结果翅膀退化，奖杯成了坚硬的外壳，最终蜗牛只能在地上爬行。同学们想一想：如果再给蜗牛一次机会，它还会这样做吗？它会怎么做呢？

2. 学生思考，修改、创新剧本。

3. 全班交流。

4. 有兴趣的同学可以课后进行排演。

（唐姗姗执教）

(四) 舌尖上的语文

教学目标:

1. 学会读菜谱,理解菜谱,初步感受中国饮食文化。

2. 培养合作精神。

3. 在合作中感悟中国语言文字的魅力。

教学重难点:

在合作中感悟中国语言文字的魅力。

课前准备:

字典、菜单、作业单、PPT。

教学过程:

一、选饭店

1. 马上要到元旦了,我们班计划举行聚餐活动,同学们愿意参加吗?有什么饭店推荐吗?

学生自由发言,谈谈原因。(环境、特色菜、口味、消费水平)

2. 了解中国"八大菜系"。(欣赏菜系图片)

鲁菜、川菜、闽菜、粤菜、苏菜、浙菜、湘菜、徽菜。

鲁皖菜犹如古拙朴实的北方健汉;苏浙菜好比清秀素丽的江南美女;粤闽菜宛如风流典雅的公子;川湘菜就像内涵丰富充实、才艺满身的名士。

二、读菜单

看了这么多色香味俱全的美味佳肴,我的肚子都饿了。听说我们班吴同学家就是开饭店的,我们不如去她家饭店聚餐吧?她爸爸肯定不会赚女儿同学的钱,我们AA制。什么叫AA制?你们不要以为自己出钱就可以去了,闯过以下几关才有资格参加本次聚餐活动。

去饭店,我们第一步要干什么呢?(点菜首先你要会读菜单吧?别读错了字让服务员笑话)

第一关:

从抽屉里取出吴同学家饭店的菜单。1. 小组内读一读菜单,遇到不认识的字组内快速分工查字典注音;2. 快速推选一位组员参加大组交流;3. 完成以上任务就举牌示意。

组员展示,读得完全正确就算闯关成功。(黑板上小组得一颗星)

三、解菜单

恭喜同学们闯关成功，现在我们是不是可以点菜了？我们还得知道这些菜名是什么菜吧？知道“爽口双脆”是什么菜吗？知道“黄金加白银”是什么菜吗？都不知道，怎么点菜？可别到时候点的都是自己不爱吃的。所以我们要闯第二关：

1. 每位组员先各自研究一道感兴趣的菜；2. 组内依次交流；3. 完成以上任务就举牌示意。

小组展示(结合图片了解爽口双脆、糖醋心灵美、蚂蚁上树、东坡肉、红烧狮子头、黄金加白银、田园小炒等菜品)：

1. 相机区别凉拌(将食材洗净、摆盘，然后倒上适量酱油、香油等作料拌匀即可)和炝拌(要熬油，把葱姜蒜放进去炝锅，再将油倒在需要炝拌的食材上。食材要事先焯水)。炝拌比凉拌要香一些。什么菜适合凉拌，什么菜适合炝拌呢？同学们都很内行呢！

你们有没有发现，除了凉拌和炝拌，还有别的烹调方式呢？找找看。

(炒、蒸、红烧、炖、烤、炸)

2. 相机讨论交流菜名里的修辞手法：蚂蚁上树(肉末粉丝)、黄金加白银(油炸、清蒸奶香馒头)。

3.爽口双脆、糖醋心灵美、田园小炒，读了这些菜名，有什么感受？你们仿佛看到了什么？闻到了什么？

“田园小炒”里的“田园”两个字，让人联想到这样的画面：在漂亮的菜园里摘下最新鲜的蔬菜，把它们炒熟后摆在盘子中，绿的菜叶，红的番茄，黄的甜椒……真是既好看又好吃。如果把菜名改成“拌莴苣”“炒青菜”……点的人还会多吗？

看来呀，起个好听的菜名就能吸引人，这可都是语言文字的功劳呀！

4. 理解“招牌菜”。

什么是“招牌菜”？家里做不出来。不光家里做不出来，别的饭店也做不出来，只有这家店能做这么好。这样才能吸引客人来吃饭。也就是特色菜。

每组有一道菜猜正确的就算闯关成功，黑板上给小组加星。

5. 补充东坡肉的典故。

四、点菜

同学们终于顺利到达点菜环节了。点菜也是一门学问呢！点菜要注意什么呢？

(荤素搭配、营养均衡、顾全大局。两套方案：每个组员点一道自己喜欢的菜或者一起商量点六道大家都喜欢的菜)

第三关：

1. 组员商量点六道菜；2. 派代表写在点菜单上；3. 完成任务后推选代表交流，举牌示意。

小组交流，点单言之有理则小组得星。

五、创菜名

我看出来了，你们都是很专业的美食家呢。下次我们去吴同学家的饭店聚餐，看菜单、点菜的任务就交给你们了，我只要负责吃就可以了。不过听说她家最近又推出几道菜单上没有的新菜，分别是：

（出示图片）

文蛤炒丝瓜

羊肉烧鱼汤

第四关：

1. 组员各自改菜名；2. 组内交流选出最佳菜名；3. 完成任务后推选代表交流，举牌示意。

吴同学爸爸拜托你们为这些菜取点好听、洋气、吸引人的名字，一旦采用的话，买单的时候打8折呢。

小组交流。

六、总结

同学们，你们取的菜名让人一听就很有食欲。用了这些菜名，吴同学家的饭店肯定生意兴隆，他爸爸不仅要给你们打折，说不定还免单呢！你们看，语言文字很有魅力吧！我们现在学的就是运用语言文字的课，只要你们好好研究，就会想出更吸引人的菜名。其实生活中又岂止舌尖上有语文呢？药单上有语文、广告中有语文……期待你们课后去研究！

（顾娟执教）

参考文献

[1] 李海林. 语文课程改革的进展、问题及前瞻[J]. 语文建设，2006(3).

[2] 鲁枢元. 文学教育是性灵教育[J]. 文学教育，2006(21).

[3] 蒙台梭利. 童年的秘密[M]. 马荣根，译. 北京：人民教育出版社，1990.

[4] 李泽厚. 美的历程[M]. 合肥：安徽文艺出版社，1994：48.

[5] 海德格尔. 在通向语言的途中[M]. 孙周兴，译. 北京：商务印书馆，1997.

[6] 潘新和. 语文：表现与存在[M]. 福州：福建人民出版社，2004.

[7] 朱光潜. 朱光潜美学文集(第二卷)[M]. 上海：上海文艺出版社，1982.

[8] 杜威. 民主主义与教育[M]. 王承绪，译. 北京：人民教育出版社，2001.

[9] 凯瑟琳・坎普・梅休、安娜・坎普・爱德华. 杜威学校[M]. 王承绪、赵祥麟、顾岳中，等译. 上海：华东师范大学出版社，1991.

[10] 席勒. 审美教育书简[M]. 张玉能，译. 南京：译林出版社，2009.

[11] 苏珊・朗格. 情感与形式[M]. 刘大基、傅志强、周发祥，译. 北京：中国社会科学出版社，1986.

[12] 深圳大学国学研究所. 中国文化与中国哲学第一辑. 北京：东方出版社，1986.

[13] 冯友兰. 三松堂学术文集[M]. 北京：北京大学出版社，1984.